中央文明办中国文明网　编

好人365故事 青少版 第一季

敬业奉献

河北出版传媒集团
河北少年儿童出版社

图书在版编目（CIP）数据

敬业奉献 / 中央文明办中国文明网编. -- 石家庄 : 河北少年儿童出版社, 2016.2
（好人365故事 : 青少版）
ISBN 978-7-5376-8393-7

Ⅰ. ①敬… Ⅱ. ①中… Ⅲ. ①精神文明建设－人物－先进事迹－中国 Ⅳ. ①D648

中国版本图书馆CIP数据核字(2016)第030276号

好人365故事·青少版
敬业奉献
JINGYE FENGXIAN
中央文明办中国文明网 编

选题策划 温廷华 董素山
责任编辑 董素山 郭荣敏 高 瞻
美术编辑 吴立刚 曹天培
装帧设计 韩庆熙

出　　版 河北出版传媒集团 河北少年儿童出版社
（石家庄市中华南大街172号 邮政编码 050051）
发　　行 全国新华书店
印　　刷 保定华升印刷有限公司
开　　本 787×1092 1/16
印　　张 14.75
版　　次 2016年3月第1版
印　　次 2016年3月第1次印刷
书　　号 ISBN 978-7-5376-8393-7
定　　价 35.00元

编辑委员会

刘宝莅　山东省委宣传部副部长、省文明办主任

王　耀　河南省委宣传部常务副部长、省文明办主任

胡和平　湖北省文明办主任

刘进能　湖南省委宣传部副部长、省文明办主任

顾作义　广东省委宣传部副部长、省文明办主任

杨征文　广西壮族自治区文明办主任

张学泮　海南省文明办主任

樊　伟　重庆市委宣传部副部长、市文明办主任

赵明仁　四川省委宣传部副部长

朱文东　贵州省文明办专职副主任

鲁永明　云南省委宣传部副部长、省文明办主任

陈　友　西藏自治区党委宣传部副部长、文明办主任

龚晓燕　陕西省委宣传部副部长、省文明办主任

高志凌　甘肃省委宣传部副部长、省文明办主任

祝　贺　青海省文明办专职副主任

毛　录　宁夏回族自治区党委宣传部副部长、文明办主任

杨胜江　新疆维吾尔自治区文明办主任

杨武军　新疆生产建设兵团党委宣传部副部长、文明办主任

董　青　中央文明办中国文明网总编辑

平凡之中的伟大

鞠　萍

小朋友们、同学们：

曾经，我们以雷锋为榜样，他用一件件平凡的小事向世人证明了平凡中的伟大。他短短22年的生命历程深深地感动了几代中国人。至今，雷锋的故事仍让我记忆犹新：雨夜送大娘；给病友送苹果；中秋节给战友买月饼；火车行了一千里，好事做了一火车……还有曾被誉为“当代保尔”的张海迪，她写小说、画油画、攻读硕士……即使前路是荆棘是荒漠，她也没有停止过生命的歌唱。

他们的故事激励着广大青少年奋勇拼搏，让青春焕发光彩。“榜样的力量是无穷的。”这话确实有道理，在那个学习楷模的年代里，有多少年轻人的激情在释放啊！

如今，更多的榜样如同雨后春笋在我们身边不断涌现。

在这里，我们要感谢由中央文明办中国文明网、河北少年儿童出版社联合出版的“好人365故事”（青少版）系列图书，其中的每个人物都可以为今天的青少年树立榜样。如果我们每天读一个好人故事，每天带着感动出门，每天充满动力地去学习、做事，就会经常受人夸奖，赢得赞许的目光。好孩子就是在鼓励中慢慢长大的！

《敬业奉献》卷里的好人故事，讲的都是一个个普普通通的人在自己的岗位上怎样工作、生活。也许你在他们的故事中会看到自己爸爸妈妈的影子。我们今天读书、学习、掌握本领，就是为了长大后将自己的聪明才智和能力贡献给社会，成为一个对国家和社会有用的人。无论我们身处什么样的环境，都要坚持，都要为梦想而努力。

1984年我走上电视荧屏，31年过去了，伴随几代小朋友成长，也讲了无数故事。但是，我要高兴地告诉大家，“好人365故事”（青少版）系列图书中的故事是我最愿意讲给你们的，因为故事中的那些好人就生活在我们身边，我们也可以像他们那样去做。请不要有顾虑，在这个科技发达的年代，一言一行、一个帮助、一个善举都会被记录传播。请记住他们——中国好人！

翻开书，静静地读吧！

（作者为中央电视台原少儿节目主持人）

目录

MULU

“三清”博士的选择 …………………… 1

“小巷总理”一心为民 …………………… 8

风雪守边三代人……………………18

“箱子”警察 ……………………25

三十多年“芝麻官”……………………34

攻坚克难的“铁木贞”……………………40

八闽第一神捕“铁罗”……………………46

生命中最后一次急救……………………54

“老愚公”的“绿色”传奇 ………60

留洋博士反哺家乡……………………70

七旬夫妇支教十年……………………78

扎根麻风村的“大管家”………86

“斤斤计较”三十年 ……………………94

飞天“数据王”…………………… 100

一人脏换来千人净…………………… 107

最美民兵夫妻哨…………………… 115
百姓“创可贴”…………………… 121
“桃老师”赵逸人 ……………… 129
用生命编撰的“藏宝图”……… 136
空中“女蜘蛛侠”……………… 144
民警大妈的调解“秘籍”……… 151
“折翼天使”的守护者 ………… 157
“最美基层干部”阿布列林……… 164
“拼命三郎”闯灾区 …………… 173
坚守“高地”三十七年………… 180
“抗艾勇士”杜丽群 …………… 186
最美城管大叔…………………… 193
用一粒种子改变世界…………… 201
村民的“120” ………………… 210
马背上的干部…………………… 217
后记……………………………… 224

『三清』博士的选择

没有崇高的生活理想的人，像大海里的一片小舟一样，它时刻都会被狂风巨浪袭击而沉没海底。但一个人有了共产主义的理想，并无限地忠诚于这个理想，他就能经受任何风雨和困难的考验。

——吴运铎

一名普通电力工人，本科、硕士、博士都在清华大学就读！一个博士生毕业后原本有许多的工作供他选择，为何偏从普通工人做起？谢邦鹏的心态十分平和：不从基层做起，怎能走稳每一步路？一分耕耘，一分收获，这位“工人博士”带领团队用短短3年发明了27项专利。

本科、硕士、博士都在清华大学就读，人称“三清博士”，一个“高大上”的称谓；国家电网上海浦东供电公司“继保班”班长，一个基层电力检修的带头人；两个很难联系在一起的不同身份，其实就是一个人。今年33岁的谢邦鹏，就是这样一名“不走寻常路”的一线电力工人。

“当一线工人，不能只是简单地‘流流汗’，更多的应该是‘过过心、用用脑’。电力行业可不是简单地接根电线、换个继电器，随着智能电网、物联网、特高压技术、电动汽车等高科技的引入与融合，越来越需要高科技人才进行创新实践。”谢邦鹏这样说。

这不，2015年的第一天，谢邦鹏一早就得赶到陆家嘴滨江。他要对六座变电站、两座开关站的设备进行特巡，以确保节日期间陆家嘴区域的用电稳定。

一名清华大学高才生甘当一名普通的蓝领工人，而且一干就是6年，是什么吸引了他？这其中又有什么样的故事呢？

谢邦鹏儿时的梦想就是当一名工程师。他在小时候就表现出了对电力的浓厚兴趣：用手电筒的干电池搭灯泡，拆了电动玩具车看电路……5岁上小学，高中时数理化都得过奥林匹克竞赛奖，谢邦鹏就是不折不扣的“学霸”。

1999年，他以高出四川省录取分数线40分的成绩考上了清华大学，那年他17岁，专业选的就是“电气工程及自动化”。大三时，班上很多同学都在为出国做各种准备，但谢邦鹏对此却兴趣不大，学习成绩优异的他被保送为硕博连读研究生。

2008年博士毕业后，谢邦鹏眼前的职业道路有很多条，但他还是难舍电力；而即便在电力系统，也有多个方向可以选择：去高校、科研院所搞理论研究，或到电力公司、发电厂、配套生产电力设备的企业做工程应用方面的工作；可以留在北京，可以回成都，也可以到上海。但最终，谢邦鹏的选择有些令人意外——到国家电网上海浦东供电公司做一名电力工人。

对于谢邦鹏的选择，父亲很支持，母亲有点儿小失落。而谢邦鹏则沉浸在对新工作、新生活的憧憬之中。谢邦鹏说，小时候老师问同学们“长大后的梦想是什么”时，他的回答是“工程师”，这个梦想从未改变。他深知，工程师必须要深入实践，才能获得真知。

“继保班”是浦东供电公司运检部的重要班组之一，主要负责公司管辖范围内“二次设备”“三次设备”的运行维护。工人们要做的是日常巡视维护检修、故障抢修、新设备投用前的验收等工作。对于这些工作的原理，在清华大学苦读9年的谢邦鹏早已烂熟于心，但第一次进入工作现场，看着师傅们各自忙碌时，他却只能傻站在一边，因为“什么工作都搭不上手”。

强烈的挫败感让谢邦鹏觉得自己在现场有点儿多余，好在此时班里的老师傅给了他鼓励：“万事开头难，你学起来肯定很快的。”这句话让谢邦鹏突然明白，虽然自己有博士学位，但都是理论知识，面对实际工作，除了从零开始，别无他路。谢邦鹏又开始发挥“学霸”的潜能。他一边翻看各种工作规程、说明书，一边主动向班长要活儿干，单位规定下午5点下班，他经常主动加班到晚上七八点。功夫不负有心人，他很快就成了班组里的“劳模”：拧螺丝最多、接线头最多、看图纸最多、做笔记最多。

从零技能“菜鸟”到操作“达人”，谢邦鹏用了一年时间。时至今日，他仍坚持上班早到晚走，基本每天都是班组里最晚下班的。他说：“已经习惯了。”

“每天走二三十公里，一天下来非常累。”除了走路，谢邦鹏还要钻进每一个地埋变电坑道查看设备，坑道里常有积水，出来后就是一身泥水，“现场不可能换衣服，湿衣服也要穿一天。”最终，在用双脚“丈量”了浦东世博区域供电路径之后，谢邦鹏和同事们精确绘制出了数千条线路的接线图。

有一次，谢邦鹏凌晨3点接到一个抢修电话：黄楼站不能正常送电，他和同事董逸俊立即赶赴现场。黄楼站是一个老站，10千伏开关室里就像一个蒸笼，谢邦鹏和董逸俊进去不到三分钟，衣服就已被汗水湿透。所幸，此时的谢邦鹏已练就了过硬的现场处置本领，他很快查明了原因，一个小时后，更换完一个继电器，顺利送电。

类似的紧急抢修任务，这么多年来谢邦鹏完成了无数次。

经过几年的历练，2011年，29岁的谢邦鹏当上了“继保班”的班长，开始带领一个平均年龄不到30岁的团队共同前行。怎样让班组的工作更上一层楼？在经过多次认真的思考后谢邦鹏想出了“两手抓”：一方面通过规范化管理、标准化施工加强安全生产；一方面通过绩效考核、教育培训、科技创新等加强班组日常管理，提升班组的

工作水平。

在谢邦鹏的工具包里，总能找到一根10多厘米长的小钢管，工人们称之为“套筒”。这根不起眼儿的“套筒”，却是一项专利产品，而它的“诞生”则源于班里老师傅的抱怨。

在调换电磁继电器时，因为螺丝的“腿”太长了，用钳子拧非常麻烦，费时又费力。老师傅用土办法，但效果不大好，经常会抱怨两句。谢邦鹏听到抱怨后却开始琢磨：既然工具不顺手，为什么不设计一个顺手的？随即，他就带领团队开始了设计，利用自己的理论知识，结合实际的工作需求，开发出了一套电气化组合式装卸工具。而就是这个简单、小巧的套筒，解决了一线工人实际工作中存在多年的大麻烦，拆一套设备能节约一个小时。

而谢邦鹏带领团队的发明创造远不止这一项。从2011年成为“继保班”的班长到2013年，短短三年间，谢邦鹏就带领团队申请了27项发明创新专利，平均一年近10项，同时还发表了7篇核心期刊收录的科技论文。

2010年，谢邦鹏和女友黄玲在上海组建了小家庭，是不折不扣的“裸婚”。2012年谢邦鹏和妻子在浦东临沂新村贷款买了一套老公房。如今，他每月近一半的工资要拿来还房贷。“要说没压力，那是骗人的。但是每个人有每个人的路，我喜欢这份工作，比起赚多少钱，在这个岗位上我有收获、个人能力有提高、有进步，更让我得到满足。”谢邦鹏说。

好人365 编辑感言

面对社会上各种“高论”，清华博士谢邦鹏用自己“意外”的选择给出了最有力的回应。面对博士去一线是否屈才的疑问，谢邦鹏用多年在基层取得的成绩做出了最好的回答。在他眼里，一线工作的丰富经历，给了他更多的发展空间，也赢得了大家的信任和尊重。敬业奉献，贵在行动，重在坚持。谢邦鹏坚守一线，用求真和创新的精神追寻自己的人生和理想，用爱岗和敬业的精神承担了责任与担当。他用行动向我们诠释了什么才是新时代爱岗敬业的“身边好人”。（刘鲲鹏）

好人365 网友点赞

辽宁网友：谢邦鹏，清华博士甘当电力一线工人，爱岗敬业的好青年！

浙江网友：“好工人”谢邦鹏，新时代大学生的榜样！

山东网友：学习“好工人”谢邦鹏，脚踏实地为梦想奋斗！

『小巷总理』一心为民

有一分热，发一分光。

——鲁　迅

此地没有湖，此地没有船，但她却是个“划船”高手。她有三本账：民生账、社区账、家庭账，每一笔都关系着小区建设、百姓生活。她是工作在最基层的共产党员，她的心里时时刻刻装着群众，她被称作“小巷总理”。

俞复玲是浙江省宁波市江东区百丈街道划船社区的党委书记，她凭借满腔的热情、辛勤的付出，把一个基础设施差、特殊群体多的老社区，逐步打造成管理有序、服务完善的全国样板。俞复玲赢得了党员群众的尊敬和信赖，被大家亲切地称为复玲书记。

社区是船，人心作桨。这个理念，早已深深刻在了俞复玲的心中。

在她看来，社区里的每一阵欢歌笑语，每一声深情问候，甚至是居民的每一次抱怨，都是难忘的记忆，都能成为她工作的动力。

尽管已58岁，但她活力依然：走访社区老人和特殊家庭，请人修剪社区里的樟树枝，规划新建的200多个车位……

划船社区是一个有40年房龄的老社区。划船社区没有船，但有“三多”：困难人口多，外来人口多，老年人口多。不过，现在让社区居民自豪的是另一个多：全国性荣誉多。划船社区现在已获全国文明单位、全国文明社区等20多项荣誉称号，而这些荣誉的取得，缘于社区的“划船”高手——俞复玲。

每个清晨，社区居民们都能看到俞复玲的身影，还有亲和力十足的笑容。这是她的习惯——每天提前一小时上班，绕社区走一圈。

“就是想看看社区的情况，听听居民的想法。”俞复玲说，她很享受这漫步的时光。居民们的一声招呼、一句问候，都会让她心中充满暖意。

10余年来，俞复玲与社区日夜守望，与居民朝夕相处，这里的一草一木，都让她强烈感受到一种家的情感。正是这种情感，让她记满了40余本《民情日记》。这些承载着居民需求和心声的《民情日记》，就如同一本本民生账本，让她掂量出“民生优先”的重要性。

“社区有3800多户家庭，1万多居民，每个居民都有各自的想法。作为社区干部，我们要尽可能地满足他们各自的需求。”俞复玲说。

于是，一句“有事来找我”，让社区居民牢牢记住了俞复玲。

这些年来，居民们欣喜地看到，社区一些老大难问题逐步得到解决：一家社区居家养老中心，每天准点为独居或困难老人送上热腾腾的饭菜；一所“四点钟学校”，让放学的孩子有了临时去处；一项精细规划，让社区增加了60余个停车位……

在忙碌日常工作的同时，俞复玲又把目光投向了一些特殊人群。

在划船社区，流传着一个“盲人听海”的美好故事。故事的主人公叫沈国栋，今年42岁。他自小失明，凭借自己的努力开了一家推拿店。一次和俞复玲聊天时，他道出了内心尘封的愿望：“复玲书记，我想……看看大海。”

“一个盲人，怎么看海？”听到这样的愿望，俞复玲有些疑惑。“记得小时候，我在收音机里听过海浪声，一直盼着有一天能到海边看看。”沈国栋解释。

俞复玲立刻明白，这其实是一种信念，每个人都渴望精彩的人生，并为之不懈地努力奋斗。“这个心愿，我们一定要帮他完成！”在俞复玲的联络下，三名社区在职党员认领了这个“微心愿”。一个多月后，他们陪沈国栋来到舟山群岛。沈国栋慢慢走向海滩，尽力前

倾着身子，聆听海浪的声音，深吸大海的气息，心愿满足的那一刻，他的泪水夺眶而出。

不仅是沈国栋，社区里越来越多的残疾人，都感受到了各种关爱和温暖。

在划船社区，有一处特别温馨的场所——“梦工坊”，这是俞复玲一手创建的。走进“梦工坊”，只见柜子上摆放着精美的花卉植物，橱窗里陈列着各式手工艺品，还有象征祝福的千纸鹤，这些都出自社区残疾人之手。如今，这里成为10余名残疾人的精神家园：他们沟通交流，唱歌跳舞，还通过做手工活儿自食其力。

俞复玲一有空，就会来看望他们。每次，她都会像个邻家阿姨，帮他们整整衣服，或是俯身细语，他们脸上的表情立刻变得丰富起来。

阿军24岁那年，因生活受挫得了自闭症，从此不愿说话，生活不能自理，只能靠母亲照料。转眼24个寒暑过去，原本幸福的家庭变得支离破碎。“我曾以为只要努力，就能让儿子恢复正常，现在看来是没希望了。”阿军的母亲向俞复玲诉苦。

阿军有个习惯：每天傍晚5点多，要在母亲的陪同下出门散步。俞复玲决定去“会会”他。“我们做朋友好吗？”第一次，她热情搭讪，阿军没理睬。第二天，她又装作邂逅。“有什么烦心事，可以跟我说说。”俞复玲依旧热情。第三天，阿军又一次见到俞复玲，抬头瞥了一眼，还是不吭声。不过正是这一眼，让俞复玲觉得“有戏”。

俞复玲带阿军来到“梦工坊”，几乎每天都抽时间来看他。“阿军，你的手艺真棒！”“阿军，你今天特别精神！”一个多月后的一天，俞复玲像往常一样夸奖阿军。突然，阿军抬起头，轻轻喊了一声“书记阿姨”，并露出甜甜的笑容。“书记阿姨”，一个简单的称呼，却饱含着爱的温情。正因为有爱，阿军打开了关闭24年的心门，重拾生活的自信。

用“真诚的心”服务居民的事，用“婆婆的嘴”温暖居民的心，用“毛驴的腿”深入居民的家，用“橡皮的肚”包容居民的怨。这是俞复玲为人处事的原则。而今，这也成为她身边社区工作人员的行为准则。

身披冬日暖阳，走在划船社区的荷花路上，只见道路宽阔平整，两侧墙画诉说着划船巷、卖席桥以及荷花庄的来历。而让人印象深刻的是，社区每个墙门都有一个好听的名字：“思源楼”，取自居民鲍澄文的诗句“落其实者思其树，饮其流者怀其源”；“渔悦楼”，住的大多是早年的渔民世家；“同心楼”，社区第一桌“墙门年夜饭”开席于此。

点滴间，居民和访客都感受到一种大家庭的温暖。居民们说，俞复玲就是这个大家庭的家长。

不过，俞复玲却有自己的想法：“社区大小事务，光靠社工‘一头热’肯定不行，必须让居民成为社区的主人。这就好比同坐一艘大船，只有大家齐心划桨，才能让船开得更稳、走得更远。”

8年前的背街小巷改造，让她第一次有了这样的感悟。

当时，政府决定投入2000余万元进行改造，居民纷纷奔走相告。经历30余年的风雨，这个老社区太需要“美容”了。但此时，俞复玲的心情并不轻松：“改造工程涉及2000余户居民，工程量这么大，实施起来谈何容易！”

果不其然，居民们各自都有想法：有车族巴望多增加停车位，老年人期盼多些活动场所，低层住户要求移走遮挡阳光的树木……这些都满足，不现实；不满足，又不行。

“背街小巷改造是件大好事，我们的责任是要把好事真正做好！”工程有了初步方案后，俞复玲就带着社工逐幢楼开听证会，听取住户意见和建议。那时候，听证会每天早、中、晚各开一场，40余幢居民楼总共开了60余次。

一个月下来，俞复玲嗓子哑了，黑眼圈出来了，换来的是居民的理解和支持，大家形成共识，把这次改造当作“家事”。最终，改造方案一次性全票通过。原计划持续两年的工程，仅用不到一年时间就顺利完工，而且没发生一起上访和纠纷。

这件事，给了俞复玲很大启示：想把社区建设好，就应该尽可能让居民参与，实现居民自我服务和自我管理。

社区工作重千斤，社会组织挑八百。在划船社区，活跃着26个社会组织，居民能在社区里找到自己感兴趣或能寻求帮助的社会组织。比如喜欢文体的有快乐读书坊、墨香缘书画社、红叶舞蹈队、红石榴艺术团等；空虚寂寞的可以前往“银发大道吧”；下岗失业的就找“春风就业服务队”；生活困难的有低价或免费提供生活用品的“爱心超市”……社区的800余名党员也积极参与其中。针对居民的各类需求，俞复玲将党员志愿者整合起来，组建了红色扶贫帮困、橙色青春助跑、黄色治安巡逻、绿色生态环保、青色法律维权、蓝色家电维修和紫色卫生保健“七彩人生服务队”，每月8日轮流为居民提供各式服务，于是服务队有了一个好听的名字——“阳光8号”。

众多的社会组织，平时维系着居民间的感情，而在关键时刻，则充分发挥生力军的作用。2013年10月，台风“菲特”突然来袭，社区193户居民家中严重进水，平均水深六七十厘米，紧接着，用电又被切断，住户们一下子手足无措。这时，社区“抗洪救灾志愿者服务队”的20余名志愿者，在俞复玲的带领下迅速行动，每天早晨6点到晚上10点，拉着充气艇和小三轮运送来往行人，帮助扛沙袋、搬家具、抽水，还挨家挨户发放蜡烛、饮用水等救灾物资。与此同时，辖区单位也纷纷伸出援手，送来方便面、雨具、手电筒、消毒药水等。晚上，受灾严重的居民大多由社区安排住宿。

如今，划船社区已形成了一套以社区党组织为核心、社区居委会为主体、社区邻里中心和社区便民服务中心为平台的新型社区治理体系，汇集民众力量，充分解决居民差异性需求。以俞复玲个人命名的“俞复玲365社区服务工作法”也在浙江全省开始推广。

俞复玲每天上班手上都会提一只青绿色的小竹篮，这成了社区里的一道风景。竹篮里，装着她的中午饭。俞复玲说：“社区工作没准点，自带盒饭可以随时接待群众来访，处理各种事情，灵活方便。”于是，大家便又送给俞复玲一个雅号——“盒饭书记”。

每天清早，丈夫都会亲手为她准备中午饭；晚上下班回家，丈夫又为她端上热腾腾的晚餐。这让她在工作之余，能够感受到浓浓的家庭温暖。

工作和家庭有冲突，该如何取舍？夜深人静时，俞复玲常常为此纠结。但熟识她的人都知道，她已经用行动做出了回答。

这些年，俞复玲几乎是全身心扑在社区工作上。每天，她除了要完成繁杂的社区日常工作，还必须做好应对各种意外的准备。

她的家人早就习惯了俞复玲随时待命的工作状态，俞复玲的手机24小时开机。一天晚上10点多，有些疲惫的她正准备上床休息，突然接到一位居民的电话：“麻烦你到荷花路门岗来一下，我有事找你。”凭经验，俞复玲知道此类电话有时是恶作剧，但还是赶去了。

到了门岗，只见对方满脸通红，一身酒气。俞复玲想想不放心，就陪他聊天，直到20多分钟后，对方逐渐清醒，才陪着他找到家人。

俞复玲的手机里，收藏着许多外孙女的照片。她的外孙女才一岁多，每每看着小家伙的萌照，她总忍不住笑出声。由于平时工作忙，她几乎见不到外孙女，有时实在太想念，就在晚上下班后，坐车到女儿家，好好抱一会儿外孙女，一边抱一边道歉："宝宝啊，外婆不好，都没时间来照顾你……"

很难想象，面对居民外向开朗、能说会道的俞复玲，在家里却是尽可能少说话。原来，她的喉咙一直不好。6年前，俞复玲的喉咙突然疼得厉害，去医院检查，发现长了息肉，医生让她马上动手术。可当时临近年底，她工作特别忙，如果手术，至少10天不能说话。俞复玲没把这事告诉家人，而是悄悄将手术延后了一个多月。临近春节，当家家户户准备过年时，她却让自己躺上手术台，大年初七就又上班了。直到现在，很多居民都不知道她动手术的事。

"我最开心的，是家人都很支持我！"俞复玲说。受委屈时，家人都会给她最大的安慰。

"等退休了，我想去老年大学学烹饪，每天为老公烧可口的饭菜，弥补一个妻子应尽的义务。"在俞复玲的内心，一直深藏着这样的心愿。

这些年来，面对各种荣誉俞复玲始终保持着一颗平常心。因为她明白，唯有能常驻老百姓心中，才是最高的荣誉。

好人365 编辑感言

俞复玲这个社区“小书记”，有着大智慧！何出此言？先看她的“不容易”：一个40年老小区，能加分的资源几乎没有，要照顾的方方面面不少。但10余年后，社区整洁祥和，居民怡然自乐，何能如此？俞复玲靠的不仅是老黄牛般满腔热情、乐于奉献的精神，更在于她的善思考、用智慧。从“三本账”到培育26个社会组织自我服务，俞复玲抓住了社区管理的“牛鼻子”。

没有一种根基，比扎根于人民更坚实；没有一种力量，比从群众中汲取的力量更强大。在俞复玲身上，我们看到了一种矢志不渝的宗旨观念，那就是始终把群众放在心上，扎扎实实为群众做好事、办实事、解难事。（王　钰）

好人365 网友点赞

安徽网友：心系人民，人民记得你；心系群众，群众感谢你！

浙江网友：俞复玲书记让这个老社区，变成了一个温暖的大家庭，是宁波人民的骄傲！

风雪守边三代人

人民不仅有权爱国，而且爱国是个义务，是一种光荣。

——徐特立

一个人、一匹马、一口馕、几把雪，哈萨克族牧民宝汗·埃恩赛根，一家三代风雪守边，在和平年代做出了不平凡的贡献。在边界线上，他用石头堆起界碑，写上大大的“中”字；他让小儿子继续放牧守边，并且续写上“国”字。中国在他们的心中神圣无比。

一口馕、几把雪，这是宝汗·埃恩赛根坚守几十年的守边生活。

一个人、一匹马，宝汗·埃恩赛根一次又一次踏上艰辛的巡边征途。

界碑、铁丝网，成了这位少数民族党员退休生活的全部。对他来说，苏海图边境线上的每一寸国土，都像他的“心头肉”一样，不容侵犯。

70多公里的中蒙边境线，50多座险峻的山峰，一年36次风雪无阻的巡走，在苏海图边境线上到处都留下了宝汗·埃恩赛根的足迹。一次次深情的走近，千万次眷恋的触摸，放牧守边路上的每一步，都是在丈量着祖国的神圣领土，丈量着一位兵团党员对守边事业的无限忠贞。

苏海图，蒙古语是一片汪洋的意思。事实上，边境线一带是一片荒漠，夏天最高气温达45摄氏度，冬季最低气温达零下40摄氏度。每年冬季，牧民从红山农场转场到苏海图边境线一带，都要横穿百里风区和百里无人区，时常伴有暴风雪和沙尘暴。

在边境线还没有划定前，许多边境争议地区都是兵团职工用放牧巡逻来捍卫祖国的领土和主权。40多年前，政府在苏海图边境线附近设立了冬牧场，要求牧民在放牧的同时，也巡视一下边境，协助边防哨所保护边境线的安全。

宝汗从小跟着父亲放牧巡边，是苏海图边境线的“活地图”。有一年冬天，年轻的宝汗跟着父亲放牧转场去苏海图哨所巡边。当经过莫钦乌拉山一个山口时，突然遭遇雪崩，宝汗眼看着父亲被崩塌的积雪掩埋。“当时我就跟在爸爸身后不太远的地方，眼睁睁地看着爸爸被雪埋了。我哭得厉害，不知道该怎么办，很多人上去挖，挖了一天一夜才找到爸爸。”宝汗的父亲就这样倒在了巡边的途中。

父亲去世后，宝汗接过了巡边的任务。30多岁的他对巡边有了自己的理解：“边境线意味着国土，冬牧场意味着牧民的生存。”宝汗·埃恩赛根主动请缨到苏海图牧区放牧守边，与他同到边关的还有妻子和五个年幼的儿女。

有一年，转场途经百里无人区三塘湖时，天气突变，狂风骤起，大雪漫天，仿佛要吞噬一切生命。宝汗·埃恩赛根立即大声喊道：“快把羊群赶到一起，所有的人都钻到羊群中间，趴到羊肚子下面。”他和七八个牧民趴在羊肚子下面待了整整一天一夜。等暴风雪停下来时，宝汗·埃恩赛根已经冻得和羊粘在了一起，牧民们费了好大劲儿才将他和羊分开。此时，前方白茫茫一片，牧民们个个惊魂未定，不愿再走了。宝汗·埃恩赛根不断安抚大家：“我20多岁就和父亲一起巡边，如何抵御暴风雪，如何在暴风雪中生存，我有经验，一定能带领大家安全抵达目的地。”牧民们信任他，跟着他往前走。

在这几十年里，经常有牧民会在戈壁滩上因为方向发生分歧，但宝汗总能将人和羊群准确地带到边防哨所。在戈壁滩上能凭着感觉分辨方向，这让宝汗感到骄傲，他说这是父亲遗传给他的本事。

他在荒岭中树起一座座“中”字界碑，说是要让世代子孙知道这里是中国。

有一次，宝汗·埃恩赛根沿着边境线巡逻时，来到一个荒无人烟的山沟，发现山沟远离界碑，也没有铁丝网。如果没有提示，人畜很容易越境，情急之下他用石头堆起了一块临时界碑。界碑上没有字就不能代表国家的主权，一个大字不识、一生没有写过汉字的宝汗，就模仿着界碑上刻的“中国”，在石头上刻下了一个“中”字。“牧民们只要看到这块特殊的界碑，就会赶紧把羊群赶离边境地区。”宝汗说。

从此，在石头上刻写“中”字成了宝汗·埃恩赛根巡边时最大的爱好。只要看到哪里没有明显界标，他就堆起石头，认真地刻下“中”字。他刻下的“中”字，成了深山荒岭之上一座座特殊的界

碑，也刻下了一位兵团职工的爱国情怀。

在苏海图边境的深山里，到处都有刻着“中”字的临时界碑。宝汗·埃恩赛根到底刻下了多少块“中”字界碑，连他自己也说不清。他唯一知道的是，把边界的每一块石头都刻上“中”字，就会让世世代代的子孙都知道，这里是中国的国土。

因为有了宝汗·埃恩赛根这样的牧民，边境牧场牧民的毡房就成了一座座哨所，放牧的牧民就成了一个个流动的哨兵；因为有了宝汗·埃恩赛根这样的牧民，苏海图边境线上的军民联防才更加牢固。

一年冬天，宝汗在巡边时来到阿孜汗古丽的家，当时阿孜汗古丽只有3岁，因为不慎跌到开水锅里，两腿被烫伤，全是脓包。那时正值大雪封山的时节，送到山下治疗很花时间。宝汗曾从父亲那里学过治疗烫伤的办法，便用哈萨克族的土办法给阿孜汗古丽进行治疗。

宝汗让阿孜汗古丽的妈妈找来雪鸡的羽毛，烧焦碾碎，再从雪地里刨出草药，包在伤口上。一个月后，阿孜汗古丽又能够跳舞了。

1992年1月，苏海图下起了暴风雪，宝汗很担心人畜迷路越境，便冒着风雪骑马出巡。在一个山沟里，他发现牧民胡那皮亚·卡买里倒在雪地上，人已经被冻僵。胡那皮亚·卡买里是在寻找丢失的羊群时迷路的，他从马上摔下来，腿骨折了，已经在冰天雪地里躺了六七个小时。

宝汗·埃恩赛根用了四五个小时，才把胡那皮亚·卡买里带回家。“他耳朵冻得有半个手掌大，脚冻得鞋子都脱不下来，我带他回家时，他已经命悬一线了。”宝汗说。哈萨克族民间有用热羊血和羊肚治疗冻伤的土法子。土办法让胡那皮亚的脚由凉变热，宝汗又拿来新羊皮裹上，然后抱起胡那皮亚的双腿不停揉搓，一整夜没合眼。慢慢地，胡那皮亚的双脚开始恢复知觉，第二天早上就能下地走路了。

宝汗学会了治病和打针，30多年里，他先后挽救了11个边境牧民的生命。

长期在雪域高原放牧守边，严重地损害了宝汗的身体。2012年1月20日，在暴风雪中巡逻了十多天的宝汗，刚回到苏海图的毡房就急性胸膜炎复发，胸闷咳嗽让他昏迷不醒。在医院住了20多天后，宝汗又回到山上的家。没几天，他带上药品又巡逻去了。

边防哨所一名副连长说，这里没有人不知道宝汗大叔的，宝汗对路线比较熟悉，战士需要帮助的时候、巡逻受伤的时候，他都鼎力相助，很多时候还请战士们到冬窝子里做客，他宰羊来招待。宝汗和每一个战士的关系都很好。

宝汗深知需要一代又一代的年轻人守边。为了能把巡逻守边的重任传下去，2012年，他把唯一在家放牧的小儿子沙哈别提克带到苏海图边境线。他一边给儿子介绍边防巡逻的注意事项，一边让儿子在他刻下字的石头上补上“国”字。“放牧守边是我们兵团职工的特殊使命，我们要一代代传承下去，只有这样，我们这些军垦才能安心，祖国的边防才能稳固。”宝汗·埃恩赛根如是说。

编辑感言

和平年代，三代人用生命传承守护边境。一生放牧巡边，一心为牧民安康，一腔热血只为祖国安宁。在平凡、重复又艰苦的每一个足迹里，都看得到宝汗大叔的忠诚、大爱、无悔。在宝汗的生命旅途里，坚守平凡岗位和爱国崇高理念结合得淋漓尽致，他在马背上用日复一日的践行向世人证明，坚守岗位、报效祖国并不难，它就在脚下，在每个中国人的生活里。（梁海燕）

网友点赞

四川网友：真心爱国、救死扶伤的宝汗·埃恩赛根是国人学习的榜样。宝汗·埃恩赛根们是我们民族的脊梁！

宁夏网友：一位普通的牧民怀揣着如此强烈的爱国情结，是我们学习的好榜样！

北京网友：艰辛寂寞中风雪守边几十年，三代接力演绎爱国情深。

『箱子』警察

世上无难事，只要肯登攀。

——毛泽东

社区民警离老百姓最近。阮林根扎根社区，从警10年，在平凡的工作岗位上做出了不平凡的业绩。在他的大大小小9个箱子里，装满了“防盗”的法宝，也装满了他爱岗敬业的一片诚心。

在浙江省台州市海门街头，有个现象颇为奇特，几乎所有女士的手提包都提在右手，因为她们听过社区警察阮林根的防范课：一般走路靠右边，提在右手，可防飞车党盗抢。有一个情景人们记忆犹新：“同学们，你们知道怎么背挎包吗？”一个女同学挤到阮林根身边，接过挎包挂在左肩。“不对，再想想。”话音刚落，另一个女同学接过挎包斜背在左肩上。“这样背就对了。再想想，走在路上时，包朝哪边？”学生们若有所思。阮林根拿过挎包斜背在肩上，说：“包应该朝人行道边，因为包朝内，不易被人抢包和偷钱。”说罢，阮林根演示了不同背包法的区别。2008年以前，椒江城区每年都有几十起针对女士的飞车抢包案件，现在此类案件几乎为零。

从不花钱的“心防”，到武装到牙齿的家庭防范“套装”，从警10年，他利用一切机会向群众传授防范知识。他研究防范到痴迷的程度，经常把家当实验室，叮叮咣咣到天亮，还专门到看守所跟小偷“恳谈”技术。为了让群众看得懂，他将这些知识物化为道具，攒下了9箱“宝贝”：有一分钱可以防盗的铁钉，有塞在门后的“推不进”，有能打开28种防盗锁的工具，有小偷“偷不走”的电动车防盗锁……台州市公安局椒江分局海门派出所副所长兼衙门巷社区民警阮林根，被老百姓亲切地称为“箱子”警察。

浓眉大眼，讲话利落，声如洪钟，这是2005年阮林根从部队转业后，初到台州市海门派出所衙门巷社区报到时给人的印象。

当时，衙门巷社区面积约2.1平方公里，10245人，出租房830

家，有121家企业，还有学校、商店、寺庙，是典型的城郊接合部，情况非常复杂。不到一个月，这个硬汉子就有点儿打退堂鼓，群众的抱怨声让他有些丧气。社区外来人口多，赌博、打架、盗抢案件频发。下去排查，群众爱搭不理，天天吃“闭门羹”。当时台州公安系统推出了“警民恳谈”，阮林根自己花100多元钱，买了瓜子、水果，邀请20多位村民代表来谈。一分钟的开场白没讲完，“恳谈”就变成了“斗地主”，说警察不会破案，还“养小偷”。有位张大爷，眼睛瞪得大大的，指着阮林根的鼻子说：“你们搞什么东西？我家后门经常有人方便，几年了你们也不管！”

原来，张家后门的弄堂里经常有人随地大小便，甚至在一个月里有三个晚上遭了贼，虽没偷走什么，但搅得老人茶饭不思，睡不安稳，在床上足足躺了一个星期。“这样的境况，我还能抱怨老人吗？”阮林根觉得有点儿冤，但他不气恼也不辩解。第二天一早，他便来到老人住的弄堂摸底，并与卫生、环保、街道等部门联手治理，最终把这个治安死角和垃圾场彻底解决了。此后，张大爷逢人就夸阮林根。接下来的几个月，阮林根没日没夜地走访，了解社区情况，主动当群众的“出气筒”，还想尽办法给老百姓解决问题。

社区盗窃案件较多。有一次，他收缴了一个小偷的工具箱，哗啦啦倒出来，全是盗窃工具。他一一弄明白后，把这些连同搜集到的一些工具，拿到了“警民恳谈”的现场。“这个工具专门盗窃电动车，我教你们怎么防……”话音未落，几十名群众从坐着呼啦围站成了一圈，看他讲解。这次，阮林根不仅没挨骂，还让他找到了跟群众打交道的诀窍。此后，他经常背着道具箱，现场向群众演示违法分子的作案方法，讲解防范技巧，通俗易懂、直观易学。每次讲防范，阮林根都被围得里三层外三层，有群众开始叫他“阮教授”。

阮林根多次“拜小偷当老师”，为什么？“小偷把如何盗窃、如何诈骗告诉我们，我们这样再去防，效果更好。目前小偷盗窃的手段是五花八门，我们也需要知道他们怎么做，这样才能给老百姓提供更多的安全保障和服务。”他笑着回答。

阮林根说：“我们下去走访时发现，如果群众能够加强一点儿自我防范意识的话，发案率是完全可以降下来的。群众怎么学呢？我们有一个警民恳谈道具箱，把箱子带到现场，向群众演示违法犯罪分子的作案方法，再去讲解防范的技巧，很多群众反映效果特别好。”阮林根还演示了小偷如何三秒钟打开防盗门，让大家目瞪口呆。“其实，只要用钥匙多反转半圈，小偷就没办法了！”这些知识普及后，辖区内盗窃案急剧下降，在群众中很受欢迎。为了研究电动车的防范技巧，他把自己的初步构想与防范理念告诉电动车、防盗锁厂商，共同研制出了“会报警的防盗锁”。一旦遇到盗窃，电子锁就会发出“有人偷车啦”的模拟人声，听到这声音，小偷肯定撒腿就跑！电动车、防盗锁厂商听了他的创意，生产出了“会报警的防盗锁”。为了找到适合居家用的防盗工具，他趁着周末逛遍了各类市场，终于发现了一种价值仅两元钱却有很好效果的简易报警器。目前他已在辖区

推广了10万多个这种简易报警器，收到了良好的效果。经过多年积累，从不花钱的防范技巧到最先进的高科技防范手段，他样样精通。道具越来越多，他的箱子也越来越沉，10年时间，他攒了9箱道具“宝贝”。

作为社区“片警”，阮林根有两个没料到：一是群众对防范知识有这么高的热情，二是有这么多人想学他的防范教程。

一个社区民警，却成了群众心目中的明星，不少人慕名前来学习。阮林根把自己摸索出来的经验毫无保留地传授给同事，并在全省多地公安机关推广。他每到一地讲课，都是座无虚席。

采用道具箱讲防范，阮林根是第一人。用道具箱里的安全工具为群众服务，阮林根同样也开了先河。一天，在海门小学操场上，阮林根被一群学生簇拥着，详细讲解在生活中如何防范盗抢骗、如何识别毒品等技能和知识。“好有趣哦！”“我们学到了不少技巧。”几位六年级同学开心地说。

现在，阮林根和他的警务室就是一个“群众服务中心”，警务室里有便民服务区、同行学习交流区、网上恳谈工作室、防范道具演示室，他的手机里有各种各样的为民服务电话，还有打狗、开锁、抓蛇等专业人士的电话等。社区群众不管谁有什么家长里短，都要找阮林根商量商量，就连外辖区的有什么困难，也要找阮林根帮忙。工作10年来，阮林根调解各类矛盾纠纷200余起，没有一起激化、复发和信访投诉。“在群众焦急时说一句贴心的话语，在群众困难时伸出一双无私的援手，都需要社区民警实打实地做好信息积累工作。”他对自己的工作做了严格的规定，如每天上班首先做好6项工作：了解辖区昨日发案情况；计划今日工作去向；收集了解治安和特殊重点人员信息；给特殊人员发送短信；下班前写工作日记；思考领导交办的其他工作等等。特别是把走访、恳谈、闲聊时所掌握的各种信息，整理成62种基础电子台账后，不仅能及时掌握社区的舆情动态，还提高了办案效率，更换来了群众的安全与信任。2009年3月，衙门巷外沙

路一连发生了多起上门抢劫、敲诈的恶性案件，附近居民人心惶惶。阮林根在走访时听受害人提到有一个嫌疑人操四川口音，他马上回办公室调出平时记录的高危人群基础台账，不到一支烟时间，受害人就辨认出了犯罪嫌疑

人，一个星期后便将其抓获，还顺利抓获了另6名同案嫌疑人，破获了多起盗抢案件。

辖区东门路有一所民工子弟学校，阮林根在一次恳谈中了解到，在校就读的500名外来民工子女中，有30余人生活特别困难。回到所里后，他立即想办法，筹到5000元钱购买了学习用品请学校转交给这些民工子女。2011年3月，阮林根被评为全国公安机关“爱民模范”后，经过媒体的广泛宣传，很多群众被阮林根的爱民事迹所感动，纷纷打电话给阮林根，要求和他一起参加献爱心活动。

2012年5月7日，阮林根收到了一封满载着心酸与希望的信件。辖区东门路民工子弟学校11岁的外来民工子女任希霞，因生恶性子宫肿瘤动过一次手术，10多万元的手术费已经耗尽了家里所有的积蓄，还欠了很多债。如今她旧病复发，而家里却再也拿不出钱给她看病了。无奈之下，他们抱着一线希望给阮林根写了这封求助信。

看完信之后，阮林根立即去看望任希霞，了解了有关情况，并借助新闻媒体的报道，引起了社会广大爱心人士对此事的关注，并为任希霞募捐到12万元的医疗费。很快，任希霞被路桥博爱肿瘤医院接去接受治疗。阮林根说，世界需要爱，需要大家都献出一点儿爱心。令他感到欣慰的是，现在有好多人都主动找他，要求参加爱心团队，要他帮忙联系结对资助对象，争着为社会尽一点儿责任。

阮林根爱心团队始于2009年9月阮林根个人的一次爱心捐助，“以前都是我一个人做，后来有一个不愿意透露姓名的企业老板在背后默默支持我。”阮林根告诉记者，2010年被评为“爱民模范”后，他的名气逐渐大起来，更多人知道了他的爱心团队。

阮林根说，现在有50个人是爱心团队的核心成员。在爱心团队组织架构图上，有社会救助部、志愿服务部、总务部和财务部。团队的资金主要来自会员们和企业的捐赠，此外还有阮林根的讲课费。自2009年到现在，阮林根爱心团队一共向社会捐献了34万多元。

从警10年，阮林根先后获得全国公安机关“爱民模范”、全国优秀人民警察、全国特级优秀人民警察、浙江省优秀人民警察、浙江省模范人民警察、台州市“我最喜爱的十大人民警察”、台州市“首届道德模范”、椒江区“首届道德模范”等荣誉，荣立个人二等功、三等功各一次。

好人365 编辑感言

从“一枚铁钉”防盗法开始钻研，社区民警阮林根以他十年如一日的工作热情在安全防范上成为专家。小小道具箱，装着他对社区百姓的款款深情。阮林根在平凡的岗位上爱岗敬业、无私奉献，做出了不平凡的业绩。他是践行党的群众路线的好楷模，是我们身边的好榜样，是我们心目中的好警察。他不仅为工作而努力，为群众而奉献，更为信仰而笃行！（贺　宏）

好人365 网友点赞

四川网友：爱岗敬业，真正做到了为人民服务。

宁夏网友：身边的好警察，老百姓的“保护神”！

四川网友：把自己的知识传播给广大群众，提高群众的防范意识，展现了一名人民警察的奉献本色！

写邮件　草稿箱　已发送

收件人　haoren365@wenming.cn

主　题　心语

正　文

发　送

中国文明网
www.wenming.cn

三十多年『芝麻官』

成功之花，人们往往惊羡它现时的明艳，然而当初，它的芽儿却浸透了奋斗的泪泉，洒满了牺牲的血雨。

——冰　心

“村官”虽是“芝麻官”，但一举一动都代表着党的形象；他们与老百姓走得很近，一言一行老百姓看得最真。灵树村党支部书记赵荣法当了30多年的“村官”，把一个贫困村变成海门市首富村，为全国的“村官”树立了榜样。

67岁的赵荣法，是个“芝麻官”——江苏省海门市包场镇灵树村党支部书记。他一干就是30多年，硬是将一个落后村，发展成为海门市首富村。

其实他出道很早，34岁时就出任镇砖瓦厂厂长。本来前途无量的他，却放弃了转聘镇机关干部的机会，主动请缨担任穷村的支书。从此，他组建劳务队开赴大上海，又在村里架蔬菜大棚、办农贸市场、建标准厂房，村级经济办得风生水起。

赵荣法，作为村里的现任书记，创下了海门市的两个纪录：一是年龄最大的村支书，二是任职时间最长。如今，本该在家含饴弄孙的他，每天依然在村里忙得脚不沾地。

其实早在几年前，赵荣法便申请到龄退休，谁知这却引发了一起“群体上访”事件。

2008年，58岁的赵荣法到了退休年龄，他按照规定向镇党委、镇政府提出了到龄退休的申请。批复还没下来，一个意想不到的情况发生了：全村200多位灵树村村民连续几天堵在镇政府门口“群体上访”，诉求只有一个：要求赵荣法留任。镇领导笑着询问这些村民，为什么要挽留赵书记？村民代表们便和盘托出自己的愿望：“我们灵树村以前是个有名的穷村，赵书记来了，我们过上了好日子，我们离不开他。”“他带领我们干，我们有干劲儿。”“赵书记真心关心、帮助我们，我们需要这样的村干部。”赵荣法的政绩有目共睹，同时考虑到灵树村更大的发展需要，镇党委破例做出一项决定，鉴于赵荣

法的“特殊情况”，让他继续留任灵树村党支部书记。

镇党委的信任、村民们的重托，让赵荣法重新抖擞精神，开始了新的征程。现在，这位六旬老书记仍遵循着雷打不动的早5晚9工作法：早上5点起床，和五位村干部电话交流，安排当天工作；8点开始在村里的农庄、农贸市场、农民集居区等重要区域巡访，检查工作进展情况，分析存在问题；9点回到办公室接待来访百姓，和其他村干部碰头研究；下午，他往往会到村里的困难户、孤寡老人那里了解情况。即便到了晚上9点，他还要骑上自行车在全村转一圈，看到大家平安无事，才放心地回家休息。

他就是这样一位典型的中国式好“村官”，话语如脚下泥土般朴实，干起工作来像老黄牛一样不知疲倦。他把百姓的认可作为最大的动力，而在回报上却毫不计较。他就是百姓见得最多、也最为具体的好党员的形象。

在经济发达的江苏省海门市，灵树村现在是远近闻名的明星村。村里经济实力雄厚，拥有40多家企业，村营业收入连续三年位居全市首位。村民生活富足，人均纯收入超过两万元。村里环境秀丽，居民区、工业区、贸易区、行政区规划分明，文明建设堪称典范。“民富、村美、风气好”的社会主义新农村面貌，让络绎不绝前来学习取经的人啧啧称赞。

然而谁能想到，在赵荣法接任之初灵树村还是个穷得叮当响的贫困村，村级经济一穷二白，债台高筑。

到了村里，赵荣法才真正知道“村官”难当。当初为还清20万元欠债，他组织起一支100多人的劳务队，赴上海为土建工程服务，为了管理这支队伍，他每个月起码要到上海去一次。

那时去上海可不像现在这样方便，得从靠海的村里乘车到长江边上的港口，再坐船五六个小时到上海十六铺码头，然后再乘车到劳务队的工地，几经折腾到达目的地时往往已是深夜12点左右。

经过12年的努力，他为村里还清了20万元欠债。2001年，刚从债务中摆脱出来，村级合并开始了，邻近的堤北村、闸河村并了进来，随之进来的还有合计120多万元的外债。赵荣法暗自叫苦：本想集中精力把村容村貌搞上去，可又背上了一身债，这120万元要还到驴年马月？不能再小打小闹了，要办企业、上项目，大力度推进村级经济建设，这样才能从根本上解决问题。下定了决心的赵荣法发动全村人，展开了一场大办企业的会战。通过招商引资、鼓励村里能人创办企业和对原有项目进行改造升级，村办企业迅速扩张。短短几年间，在灵树大地上，一幢幢标准厂房成为村级经济的新标志。借着这股势头，他开始了对灵树村的全面改造：集中耕地发展高效作物，推广大棚蔬菜；建设农贸市场、休闲农庄和村级社区公共服务中心，服务村民和企业；利用集中用地、拆迁安置的机会，建设具有欧式风格的农民集居区……

他把全部精力集中到工作上，没日没夜地奔波在村里的每一个田间地头、每一块工地，脸晒黑了，白发增多了，原本强壮的身体也拉响了警报。也就在他欲退休不能的那年，他被查出有心肌梗死前兆，需要去上海做心脏造影。医生要他住院半个月，然而，村里的工作千头万绪，怎能让他安下心来？他只住了4天就出院回家了。之后，他又患小中风在当地一家医院住院12天，为了不耽误村里工作，他要求医生每天早上4点开始给他挂水，到8点挂完后正常上班，晚上再住到医院。医生感慨地说，像他这样的病人还是第一次见到。

苍天不负有心人，在他和全村干部群众的艰苦奋斗下，一个崭新的现代化新农村出现在江海平原上，村强了，民富了，景美了，每年的村营收入直线上升，120万元的外债早成历史，灵树成了海门市第一个全国文明村。

编辑感言

赵荣法就是我们身边的“吴仁宝”。他是一个好人，更是个能人。赵荣法生于灵树村，长于灵树村，也奉献在了灵树村。不为官职、不为高薪，不为自己的小家，为的是全村村民的共同富裕。在市场经济大潮的洗礼下，这样的情操实为难能可贵。（邵紫晖）

网友点赞

福建网友：莫说“村官”职位小，一心为民真英豪！

河南网友：扎实在基层工作，为当地的村民谋福利，我们就需要这样的好干部！赞赞赞！

攻坚克难的『铁木贞』

对待同志要像春天般的温暖，对待工作要像夏天一样火热。

——雷　锋

“80后”赵喜桢被称为“技术控”，参加工作10年来，他吃苦耐劳，不畏困难，研发出一系列科研成果。

“80后”小伙儿赵喜桢，自2005年8月参加工作以来，一直从事铁道信号产品的研发工作，现任西安铁路局思源科创轨道交通技术开发有限公司副总经理。在这儿工作的10年当中，他带领团队进行了30多项科研课题研究，申报国家专利11项，其研发的新产品已累计为公司创造效益3亿元；曾荣获“火车头奖章”、茅以升科学技术奖——铁道工程师奖、“巴山魂·西铁人——西安铁路局十大领军人物”等荣誉称号。

初见赵喜桢，浓眉大眼，已经干了10年科研工作的他，如邻家男孩儿般阳光纯净。很难想象，他已是一名公司的副总经理。但与其他企业副总经理不同的是，他没有豪华的办公室，没有身边跟随的秘书，更没有每日的西装革履。他每年365天除了外出开会，总是穿着蓝色工作服在实验室里，而且一待就是十几个小时。

“2005年我大学毕业，被分配到思源科创公司工作，当时我十分兴奋，心想着这回终于进了大单位，肯定各方面条件、待遇都非常好。当我来到公司时才发现，公司只有百十号人，实验室只有40平方米，根本没有什么实验设备，这让我非常失落，好几次我都想寻找新的出路。但是我们老总的一句话抓住了我的心，他说：‘小赵，这只是暂时的，只要你留在这里，公司一定给你提供其他企业不能给的平台。’当时我抱着半信半疑的态度，心想那就留下吧，自己还年轻，就拼搏一年，如果还没有发展机会再跳槽也来得及。”

2006年，为了在激烈的市场竞争中生存，原西安铁路局西安电务器材厂选择研发长期困扰我国铁路运输安全的“轨道电路分路不良”重点科研课题。领导再三思量，决定让赵喜桢负责科研项目中最难的理论计算工作。“真的没想到领导会把这么重要的计算工作交给我，可能是因为我的真诚和用心吧，这也是我职业生涯中第一个项目，我用了百分之二百的认真去钻研，就想给公司、给自己一份满意的答卷。”

“接下这个课题，可以说是自己给自己‘挖’了一个‘坑’。”赵喜桢风趣地开起玩笑。“因为书上根本找不到现成的计算方法，在这个领域中，国内理论还属于空白。”赵喜桢说，“那段时间，在几个行业专家的指导下，我几乎每天都去翻印查阅外文资料文献，晚上回到实验室编写计算程序，摸索计算方法，回到家也在琢磨程序。为了这个项目，我基本没有节假日，有时睡到半夜想起一个公式，就赶快起身记在枕边的本子上。当年结婚，也只用了三天时间，就又投入到课题的攻关研发中。用我家人的话说，那段时间我已经走火入魔了。”

没有一个实验可以一次成功。失败了，他就一遍又一遍地测试；错误了，就一轮又一轮地验证，光用过的测试记录纸就有两米多高。经过两年的不断摸索实验，赵喜桢成功编制了轨道电路的计算程序。2007年12月，他们研发的产品顺利通过铁道部技术审查。“这次的辛苦付出我觉得很值得，我该为自己的青春留下些记忆。”腼腆的小伙子谈起那段让自己不能忘怀的科研经历，话语间变得有些激动。

2008年2月，基于赵喜桢在科研中的突出表现，公司提拔他任思源科创公司技术科科长，主要负责产品推广工作。

这个瘦削、精干、不怎么强壮的小伙子，干起工作却像“拼命三郎”一样。“同事们都叫我‘铁木贞’，我名字最后一个字拆开就是木贞。《尔雅》中说，‘桢，干也’，原来指打土墙时立的木柱。同事们看我成天扑在工作上，就经常开玩笑叫我‘铁木贞’。”赵喜桢笑着说，“我很喜欢这个昵称，我已经把它作为我的QQ昵称了。我是铁路人，希望自己能成为铁路建设大厦的一根支柱。”

“我们这一行经常召开研讨会，业内专家、学者们坐在一起，围绕一个新课题各抒己见，虽然我是个技术科科长，但经常坐在那里插不上一句话，真恨不得找个地缝钻进去。”赵喜桢在描述刚走上工作岗位时的情形时说，“我的目标只有一个字——学。”科研所对面是西安交通大学，每天晚上下班，赵喜桢都到那里上自习。他紧贴实际工作需要，自学了《数字电路》《仿真软件》等几十本专业书籍，业余时间几乎全用于读书。2007年，他考上了西安建筑科技大学工程硕士研究生。

“每当坐上火车，走在安装了我们产品的铁道线上，想到我们的科研成果能为这么多人的平安出行保驾护航，我的自豪感就油然而生，这是一种莫大的幸福！”说着，赵喜桢脸上笑开了花。激烈的市场竞争让他清醒地认识到：“后方有大量追兵，我得时刻充电。”2012年，赵喜桢顺利考上了博士研究生。他自豪地说：“唯有学习才是我们科研人员的出路，只有靠不断的学习，才能让我攻克一个个研发难题。现在，我们科研所有了图书室，大概有4000多册专业书籍。一有空，我们的员工就到那里看书学习，给自己充电。大家都希望提高专业水平，为我们公司的发展做贡献！”

经过汗水的浇灌，收获了甘甜的果实。2014年10月，由他牵头研发的基于光通信站间安全信息传输系统成功中标尼日利亚铁路现代化项目。中国铁路人自己研发的产品走出了国门，走向海外市场。

在赵喜桢看来，科研所的19名成员个个都是闪光的金子，人人都有拿手的绝活儿。这群朝气蓬勃的年轻人经常围坐在公司不大的会议室，七嘴八舌地研讨一项项实验课题，场面极为热烈。

“现场没有电源，临时拉线太麻烦……”

“发电机成本高……”

“用太阳能发电。”赵喜桢快速点击鼠标，在电子显示屏上绘出电路。他眉飞色舞地讲解完，大家鼓掌通过。

“这是我博士论文的研究方向。”赵喜桢笑着说道，“干到老要学到老，学得好才能干得好，科研过程其乐无穷！”

好人365 编辑感言

赵喜桢多年来攻坚克难，在铁路科技创新发展的道路上一步一个脚印，勇于追梦。世界上的事就怕“认真”二字，他用实际行动践行着这条真理，低头耕耘，不问付出，没有一些年轻人身上的浮躁气，而有着难能可贵的沉稳和担当。年轻人在羡慕他取得的成绩之时，更应学习他“钉子”般的钻研精神、“傻子”般的工作态度。勤耕不辍、梦想开花，追求梦想的道路从来没有终点。而有了更多这样的追梦人，个人梦和伟大的中国梦才能同频共振，更早实现！（赵　洋）

好人365 网友点赞

福建网友：“80后”赵喜桢认真工作，勤勤恳恳，他对工作的执着、钻研精神，值得所有年轻人学习。

八闽第一神捕『铁罗』

一个人总要先有这种利他的牺牲精神，然后才能够完成一切。

——郭沫若

八闽第一神捕，18年奋战一线。他是让罪犯闻风丧胆的“铁罗”，一个铁骨铮铮的汉子，一个铁骨柔情的慈父。

追捕153个逃犯，如果把这个数据放在一个公安分局，或许要举全局之力；如果把这个数据放在一个派出所，或许是一个终极挑战；那如果放在一个人身上呢？

追捕3个逃犯，不同案件和不同地点，如果用3天时间，或许有人会说：那要加班了；如果用1天时间，或许有人会说：实在太赶了；那如果是用9个小时呢？

以上两个疑问，能在同一个人身上找到答案：他，就是厦门市公安局湖里分局禾山派出所民警卓加罗。他有六大“追逃心法”，被外界誉为“八闽第一神捕”，他亲手抓到的逃犯数，创中国民警之最，人送卓加罗外号“铁罗”。

在外人看来，追逃是一件枯燥的事情，但卓加罗却乐此不疲！提起第一次追逃，他说：“追逃像谈恋爱一样，有激情！”

2009年7月，卓加罗刚接手坂尚社区工作，在一次案件梳理中，他发现辖区居民孙某明因寻衅滋事被网上追逃。

多次走访孙某明家后，卓加罗了解到：孙某明是家里的唯一经济来源，发生打架事件后，赔偿对方医药费成了全家最大的负担，如果孙某明被抓，家里生活将举步维艰。了解到这些情况后，卓加罗当起

了“说客”，主动联系案件双方家属坐下来喝茶——茶一喝更亲切，加上卓加罗的“斡旋”，对方最终放弃了追究孙某明的经济责任，孙某明也在家属的动员下很快归案。后来孙某明因涉案情节较轻，被免于刑事处罚。

其实一开始，孙某明的家属对卓加罗并不理解，听说要来抓孙某明甚至还有怨恨情绪，但事后孙某明带着一家老小，特地到派出所感谢卓加罗。“原本的委屈化成喜悦，像小时候做好事受到老师表扬一样开心。”孙某明一案，让卓加罗对追逃工作产生了极大兴趣。

2009年卓加罗4个月内抓了12个逃犯，2010年抓了整整60个。一个被卓加罗抓住的逃犯说：“早就听说，犯事了千万别去厦门岛，‘铁罗’会上门给你送手铐。”

“追逃，就像马拉松，永不止步。只要用心，就一定能追得到。”从厦门西柯——马垅——集美——西柯，岛内追到岛外，9个小时，行程近200公里……2010年4月19日，是卓加罗最忙碌的一天。9个小时内抓了不同案件的3个在逃人员——他也因此被媒体誉为“最牛警察”。

当天晚上，天色渐黑。原本打算回家的卓加罗了解到，一名住西柯的在逃人员有新动向。可他在出租房门口蹲了近3个小时，屋里漆黑一片没有动静。第一站，扑了个空。

“既然出来了就不能白跑。”卓加罗上车后，拿起追逃笔记，锁定下一个目标——第二站：岛内马垅社。25分钟后，卓加罗将在逃人员罗某和一袋换洗衣物一起带回了派出所。

核对完罗某身份后已是零点，卓加罗又想起当天巡逻时一名居民无意间说到的信息：一个爱打架的老乡当天要来厦门找女朋友。说者无心，听者有意，卓加罗通过各个渠道查找，发现那名居民说的这个老乡姓祝，曾因故意伤人被四川警方网上追逃。卓加罗奔赴第三站：集美，两个小时后，正在睡梦中的祝某被抓获。

忙完已经到了第二天凌晨3点半。忙活了大半个晚上，卓加罗吃了一碗泡面后，躺下睡觉前还不忘定闹钟——4点40分，“晚上不在，早上应该回来了。”对当晚扑空的西柯，他还念念不忘。

闹钟准时响起，卓加罗抹一把脸，开着车又出去了，还是西柯。这一次没扑空：小区的保安才刚刚开门，就看见卓加罗将在逃人员林某押上了警车。

“‘铁罗’，又来一个？”看到卓加罗一晚上三进三出，派出所看门的大爷非常佩服。

为将逃犯抓捕归案，卓加罗不知道放弃了多少个节假日，熬了多少个通宵。奔走在基层一线，埋首在信息的海洋，但他心甘情愿。“每抓获一个逃犯，社会就少一颗‘炸弹’，百姓就多一分安宁，自己就有一分成就感。”卓加罗说。

卓加罗总结的以信息即时核查法、信息批量检索法、信息追踪反查法、信息错时比对法、信息关联分析法和信息分类管控法为主的“卓加罗式追逃技战法”，被警界称为六大“追逃秘技”。

“卓加罗式追逃技战法”的核心就是准确的信息源。卓加罗说，想要有好的信息源，就要“腿勤”，常往社区跑；要“嘴甜”，让居民主动成为自己的“线人”；还要“眼尖”，在人群中一眼看准逃犯。由于卓加罗经常到社区与商家、居民沟通交流，渐渐成为了“社区活档案”。每天早上，他都要到社区转上一圈；晚上，他又悄悄地走进夜幕，来到辖区巡查一番，带领巡逻人员走街串巷落实好安全防范工作。社区内每家每户的情况，他都了如指掌。谁家有孤寡老人需要特殊照顾，谁家有什么困难需要及时帮助，他心里都有一本详细的账。常常有被帮扶对象激动地说：“卓警官真是好人，比我的子女还亲，照顾得还周到、还贴心。”辖区群众对他更是交口称赞，大家都形成了一个共识：有困难找卓警官，一定没有错。

而凭借着“社区活档案”的扎实基本功，卓加罗将细微的案件线索深挖细查，通过小案带大案，成功破获了厦门“6·9”特大团伙制假案。

2010年5月14日，卓加罗以抓获的一名贩卖假证的犯罪嫌疑人为突破口，获取了其上家可能在辖区尚忠社的重要信息。在随后一个月的时间里，卓加罗展开天罗地网式的滚动排查，终于在6月初锁定了一辆

绿色电动车。为了引车主出洞，卓加罗抓住群众爱看热闹的心理，大造声势开展现场“即兴”清查。果不其然，一名约45岁戴眼镜的男子出现在围观人群里，卓加罗不动声色地追踪到这名男子的暂住处并一举抓捕成功。在其暂住处当场缴获4张假二代身份证及一台切卡机，还在其床铺底下找到了一把单独收藏的钥匙，这把钥匙引起了卓加罗的注意。从外形上看，它与嫌疑人住所的房门钥匙属同一类型，卓加罗大胆推断假证贩子的住所与制假窝点就在同一栋楼。就这样，卓加罗拿着这把钥匙在外来人口聚居的60多套同样的房间逐一试开，当试到608房间时，房门被打开了，房内堆积如山的假证件、假印章和各种假证件的封皮、内页让后面赶来的民警惊呆了。电脑、扫描仪、过塑机、打印机等作案工具竟有18台之多，各种假印章1346枚，各类假证件3811份。就在这个制假“工厂”里，大家还发现了308份假二代居民身份证的版——这在全省也是极为罕见的。

找到制假窝点后，卓加罗先请技术人员提取现场指纹，并找来房东印证嫌疑人的租房事实，使得犯罪嫌疑人没有任何狡辩机会。冲击窝点成功后，卓加罗不敢有一丝放松，与同事一道通宵清点全部假证和作案工具，确保案件各项证据材料确凿到位。

卓加罗的妻子也是一名公安侦查部门的警察，儿子出生后被诊断为脑瘫。双方的父母均在外地，照顾儿子对这个家庭来说要比常人付出更多的艰辛。

2011年7月1日下午，一向工作很忙的卓加罗决定要带儿子去公园，妻子很高兴。可是进了公园之后，卓加罗却挂念着另一件事：公园旁的一个居民区里，听说出现了一个躲了11年的逃犯。他马上带着儿子出公园，转到居民区侦查。一直等到夜里1点多，逃犯出现，卓加罗和一名协警将其抓获。此时，5岁的儿子已经在路边睡着了。

为了给儿子治病，卓加罗四处求医，同学亲朋也通过各种渠道帮忙咨询，但是效果甚微。家庭的困难没有让卓加罗屈服，每时每刻，人们看到的都是一个散发着青春光辉的硬汉，因为卓加罗始终恪守他的诺言——“我将用热血与生命化铸勋章点缀这身藏蓝！”

2012年8月，卓加罗因工作出色被破格提拔为金山派出所治安副所长后，他意识到岗位职能的转变，“火车跑得快，全靠车头带”，不仅要自己做好，还要带着所里的民警一起干好。金山派出所辖区“城中村”与成型小区交织共存，流动人口就有30多万，治安热点问题突出，辖区又处于大开发大建设前沿，如何在复杂的社会治安形势下，有效担当保一方平安的重任？卓加罗深谙改革创新的重要性，唯有建立有效警务机制，方可牢牢掌握治安主控权。他在深入调研的基础上，决定从派出所综合警务机制改革、实有人口管理、防控体系建设、消防基础工作等方面进行突破，全面推进派出所治安管理改革工作，并创建了一套行之有效的工作模式。

自从他创建了新模式以来，辖区内刑事案件大幅下降，2013年同比2012年减少247起，降幅为12.3%。目前，这套模式已被厦门市公安局推广，成为一项派出所治安管理标准化流程。

卓加罗，一个普通基层民警，把一腔热血献给了他最钟爱的职业，谱写了一曲公安赞歌！

好人365 编辑感言

“八闽第一捕”“社区活档案”“铁罗”……卓加罗17年扎根基层默默奉献，用自己的独特追逃方式，诠释了一名基层民警“忠诚、责任、正义、奉献”的价值追求。他有勇有谋，令逃犯闻风丧胆，他不断创新工作思路，情牵社区群众。在奋战一线的点滴工作中，他以不断奋进的脚步、坚定的信念和执着，努力实现着自己的理想和抱负。既然是人民警察，就要像一棵大树，撑起头上的一片蓝天，把自己的生命融入到风雨兼程的工作中，定格在披星戴月的征程上。卓加罗所抒写的，正是行进中国、变革时代中国人的精彩故事。（张青玲）

好人365 网友点赞

湖南网友：正义的使者，人民的保护者！追逃能手，罪犯的克星，和谐幸福社会的保护神！

生命中最后一次急救

即使是一颗流星，也要把光留给人间，把一切奉献给人民。

——张海迪

38岁的急救车司机，在脑干出血的危急关头坚持把车开到医院，挽救了患者的生命，自己却倒在了工作岗位上。

我们还来不及认识，你就已经离开；我们还来不及说一声谢谢，却已望不到你的背影。

2014年10月26日，天空阴沉，天地间飘洒着凄冷零落的雪花，初冬的第一场雪无声地为“将生命希望留给患者”的急救员贾海波送行。近千人的送别队伍里，人们擎起“弘扬急救精神——海波同志一路走好”的横幅，向这位把爱留在天地间的健康卫士告别。

这一别是永别，护士柳青无法抑制悲痛，泪如泉涌。她无法忘记24日的那个上午，贾海波开车送重症患者到医院，途中突发脑干出血，仍坚持将急救车稳稳开到了市中医院。患者得救了，而贾海波却永远地离开了。

2014年10月24日上午8点55分，佳木斯市急救中心永红分中心接到出诊指令：“一名重症糖尿病患者需要急救。”值班司机兼急救员贾海波迅速启动救护车，与抢救组快速驶向患者家。当他配合医生和急救员将患者从三楼安全抬上救护车后，突然感觉身体不适，于是他对身边的医生谢英新说：“右手没有劲儿，看看我嘴歪不歪？”谢英新看后对他说：“不歪，要是身体不行就换司机吧！”贾海波说：“救护车上还有患者，等送到医院再说吧！”贾海波忍着病痛迅速启动救护车，车辆行驶中，副驾驶位置的急救员刘顺发现贾海波面色苍白，于是劝其停车换下一组司机来接替他，但贾海波却说：“患者挺急的，我坚持一会儿就到了。”5分钟后，救护车平稳地开到了市中医院门前，而此时的贾海波却一头扎在了方向盘上，被紧急送至医院急诊室进行抢救。经CT检查诊断为脑干出血，接诊的急诊科刘主任不禁感慨地说："他都脑出血了，还将患者送到医院，得需要多大的毅力啊！"虽经全力抢救，最终却没能挽回贾海波的生命。

生如夏花之绚烂，死如秋叶之静美。他用"无私和善良"诠释了"120"急救人的含义。

2009年2月，第24届世界大学生冬季运动会在哈尔滨举行，贾海波被选派到帽儿山赛区承担急救医疗保障任务。为了保证救护车打得着、开得动、走得远，他每晚都要保证两至三次发动车辆。当时，他痔疮病发作了，疼痛难忍，但他却始终坚持值班，而且每天不顾天气寒冷，利用中午阳光充足时擦拭车辆，因此，他所驾驶的救护车里里外外都是最干净的。

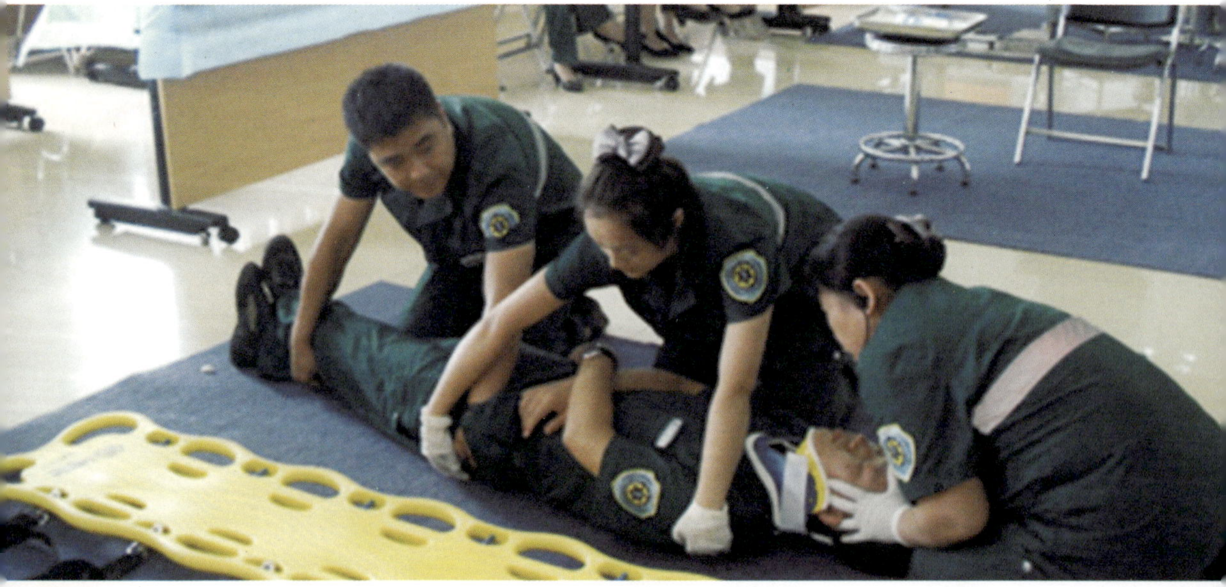

2010年10月，第十二届全省运动会在佳木斯市举行，贾海波与同事一起承担主赛场现场医疗保障任务。由于各比赛场馆运动员中午训练不休息，所以救护车就必须保证在现场，急救人员只能轮流吃午餐，到最后一组人员吃饭时，饭菜都已经凉透了。每天从上午7点40分工作至晚上9点30分，直到赛场内无运动员比赛及训练时，他才回到单位值班室待命。刚完成省运会医疗保障任务的当晚，伊春发生空难，接到救援集结指令后，贾海波又与同事们紧急赶往伊春支援。

2011年8月，七台河恒汰煤矿发生透水事故，贾海波被抽调赶赴现场增援。他与同事们克服了环境恶劣、生活不便等各种困难，在救援现场坚守了三天两夜，成功救治转运5名被困矿工。

2012年3月，哈同公路依兰段发生重大交通事故，伤者众多。休班在家的贾海波，在接到集合指令后立即赶到单位，与同事一起赶往现场增援。

2013年8月，同江发生百年不遇的洪水，险情危急。贾海波积极请战。他不顾个人安危，主动协助医护人员为灾民做检查、做心理疏导，在一线坚守了20多天。

2014年7月23日，骤雨瓢泼，冰雹砸在救护车上乒乓作响。贾海波驾车疾驶在友谊路上。佳西友谊路上发生车祸，现场有疾患等待着他和他的急救战友们。到达现场后，贾海波一行跳下车，冲进暴雨中，救治转送患者。冰雹、雨水打在身上、脸上，眼睛瞬间被雨水淋湿模糊不清。这一幕是贾海波八年急救工作生涯中经常出现的场景，是连他自己都数不清有多少次的普通急救出诊的场景。

“情未了，像春风走来；爱无言，像雪花悄悄离去。彼此间我们也许不曾相识，爱的呼唤让我们在一起……”这是贾海波最爱听的一首歌。如今，歌声孤单响起，驾驶员的位置上却再也看不到他的身影。

2009年接受市电视台记者采访时贾海波曾说：“拉着患者就是命悬一线的时候，你只能是尽快开，给患者抢出一个最佳的抢救时机！”因为他知道，自己的每一次出诊，都是急救电话拨出那一端急切的盼望，都是患者和家属在危急时刻全部的依赖。

他是同事们眼中的好战友，朋友心中的好兄弟。

“谁家有事，找他替个班儿，从没有个‘不’字。”

“车最干净，没事就里里外外收拾个遍。”

“贾哥人好，有活儿找他帮忙准行；还心细，那天在单位还拿起针线缝起了急救服。”

…………

但对父母，他一直有遗憾。母亲患有严重的心脏病，记得有一次发病，父亲没有告诉他，自己送她去了医院。当母亲在医院被紧急救治时，贾海波正在工作岗位上忙碌着。

对妻子，他一直心存愧疚。很少有时间陪伴妻子，更不要说逛街、游玩，他把大部分时间都留给了他热爱的急救事业以及急诊患者，尤其是节假日。

接触过贾海波的每一个人，都记得值班室里他那活泼生动的话语，记得救护车内他那急切驾驶的身影、敬业奉献的点点滴滴……

好人贾海波，舍生取义，无私奉献；好人贾海波，朴实无华，谱写赞歌！

好人365 编辑感言

一个人是否是英雄，不在于外在的岗位和身份，关键看他危急时刻的举动和选择。明知会有生命危险，还是义无反顾，甚至将生的希望留给他人，这个人就是英雄。“最美司机”贾海波作为一名急救员，应当深知自己的症状和危险，但他首先想到的是工作职责和他人安危，而将自己的生死置之度外。这种崇高的职业道德和人性光辉，值得我们敬仰和传递。（王德伟）

好人365 网友点赞

湖北网友：普通的岗位，不平凡的事迹！致敬！

梧桐V细雨：“最美司机”贾海波用生命的最后一搏，诠释了生命的最高价值！

『老愚公』的『绿色』传奇

生命苦短，只是美德能将它传到遥远的后世。

——［英］莎士比亚

他带领村民硬是在石漠化严重、气候条件恶劣的云贵交界的乌蒙山深处，造出了万亩林海。他带领全村脱贫，积劳成疾，不幸病故。他就是彝族共产党员文朝荣，他的坟墓就建在郁郁葱葱的华山松林中。这里的每一棵树都向他致敬，这里的每一个人都怀念着当代“老愚公”。

苍翠挺拔的华山松，从村头一直绵延到山顶。30多座山坡，交织成郁郁葱葱的林海，海雀村掩映其中。生长在云贵交界的彝族“老愚公”文朝荣说：“海雀人选择用华山松构筑绿色生态和谐之梦，就是因为华山松经霜耐寒，在贫瘠的土地里能茁壮成长、涵水养土，还能生籽结果，福荫后人！”

看着父亲对华山松林难舍难分的眷恋，好几次，悄悄跟在后头的儿子眼里噙着泪花。看着父亲身体越来越差，从双脚行走到依靠拐杖才能靠近山林，他忍不住劝说父亲：“您身体不好，不要太过劳累了！”

“其实你不说我也知道自己得的是什么病，我只是忍不住想到山林里走走，听听鸟叫，和华山松说说话，我心里就高兴。”文朝荣说到这里，话变得语重心长起来，“儿啊，现在的政策越来越好，日子越过越红火，你记住一定要守住这些松林，有青山常在，才有绿水长流，不然海雀村又会回到过去我们过怕了的苦日子！”

青山有幸埋忠骨，苍松无悔护恩人。时间定格在2014年2月11日，苍天垂泪，林海肃穆，贵州省毕节市赫章县河镇乡海雀村老支书文朝荣因患癌症不幸病故，永远和他钟爱的华山松相伴在一起。

海雀村拉开决战贫困的大幕，是从种树开始的。

1986年春天的海雀村，山上一棵像样的树也没有，就连护卫在一些人家房前屋后的树也少得可怜，扳起手指头就可以数出来。

和往常一样，文朝荣吃了午饭扛着锄头去对门的营盘山挖地。春日的阳光很暖，在他的身后跟着的小黑狗欢快地摇着尾巴。

天有不测风云，还没到山顶的沙地里，只见对面的红房子村方向尘土飞扬，气势汹汹的狂风正朝营盘山这边扑来。文朝荣想起去年冬天，邻居家的杈杈房就是被这样的狂风吹垮的，他不由自主地为自己家的杈杈房捏了一把汗，想着赶回去，但风势来得凶猛，已经来不及了。文朝荣迅速趴在地上，闭上眼睛，任沙尘从身上狂扫而过。

等到狂风过后，文朝荣从山上回来，看到寨子里有几栋杈杈房被狂风扯得支离破碎，鼻子一阵酸楚。老天不开眼，我们偏要活，他暗下决心："一定要与风沙战斗，否则海雀人真的活不下去。"

很多天，文朝荣苦苦思索："风沙大，可以盖土墙房来抵挡，但每年的水打沙壅，肥泥不断被冲走，庄稼越长越矮，石头越长越高，怎么办？"

他想到了种树："只要山上有树，就可以把风沙挡住，山上有林就能保山下，有林才有草，有草就能养牲口，有牲口就有肥，有肥就有粮。"

下定决心后，时任村党支部书记的文朝荣迅速召开党支部会、村民代表大会、寨老会等各种形式的思想动员会，动员村民们种树。

会还没开完，就引来大多数村民的强烈反对：连饭都吃不饱，哪有力气种树？树能当饭吃？

村民们想不通，村支部就领头做给大家看。文朝荣与另外两名苗族村干部商量："看来做通群众的思想工作要花时间，我们先把树苗找到，带头做给大家看。村里苗族群众占多数，你们两个苗族干部多做工作，只要村支部团结起来拧成一股绳，就没有办不成的事。”

就这样，三名村干部白天干农活儿，晚上就去串门，挨家挨户搞动员。一次说不通，两次，两次说不通，三次。个别村民意见大，文朝荣就上门苦口婆心地劝说了五六次，终于做通了工作。

在群众思想基本统一后，又一个难题困住了文朝荣。全村大大小小30多个光秃秃的山头，要在这么大的面积上种树，到底种多少棵树？种什么树？这么多树苗又要去哪里找？树要种到哪年哪月？一连串的问题，让他睡觉都闭不上眼睛。

文朝荣左思右想，古代愚公都能挖山开路，我就不信种树会比挖山难！只要全村人齐心协力，把冬天闲着烤火的时间都用上，一年一年地栽，一片一片地栽，光秃秃的山坡一定能长出树林来。

为了找到苗木，他每天早早地起床，一边向乡里汇报，一边往周边的村子和乡镇跑，县区乡的各级干部都被他的精神打动了。1987年初冬，林业部门免费提供给海雀村100亩的华山松苗，村委自力更生培育了35亩苗圃。

这一年的冬天，文朝荣带领全村200多名青壮年顶风冒寒，背着洋芋上山当午饭，开始了海雀村植树造林、绿化荒山的壮举。他带领大家在几座山头栽种了800多亩华山松。

第二年春天，种下的苗木迎风生长，村民们看到了绿色的希望，对海雀村的未来充满了信心。

进入初冬，庄稼刚刚收完，全村男女老少自发扛起锄头、铁锹和树苗，背着洋芋，上山继续种树。临近除夕，村干部们商量，“叫花子也要过三天穷年”，还是放大家一天假准备过年吧。一些村民说，时间不等人，树还是要继续种。文朝荣出了个主意：“干脆每家出一个男劳力上山种树，其余在家准备年饭。”

除夕当天，天空中下起毛毛雨，村民们冷得直发抖，带去的十多斤洋芋中午就被大伙儿吃完了。到晌午的时候，大家肚子咕咕叫唤，有人停下来歇口气时，发现文朝荣不见了。

一会儿，文朝荣提着一大篮煮熟的鸡蛋，喘着粗气跑上山来。原来，文朝荣趁大伙儿不注意，偷偷跑了回去。他瞄准了头天晚上妻子放在木箱子里的50个土鸡蛋，一回到家就把正在蒸饭的甑子拿开，把鸡蛋全部放进锅里。

正在外面干活儿的妻子钻进屋来，瞪大眼睛质问文朝荣：“你这是干什么？这鸡蛋是我凑了几个月，专门给姑娘坐月子吃的，你把鸡蛋全部煮给别人吃了，你还是她爹不是？”

文朝荣难为情地说：“大家栽树也辛苦嘛，栽树也都是为了全村人好，况且我是村支书，我不能看着大家饿肚子啊！”

大伙儿吃完鸡蛋，来了力气，来了精神，一直干到天黑才回家。

绿了荒山白了头。经过1987年以来十多个冬春的艰苦奋战，加上2002年退耕还林的1000多亩山林，目前，海雀村共有林地达1.34万亩。群众每年可获退耕还林补助款24.8万元，森林覆盖率从不到

5%上升到现在的70.4%。海雀村因植树造林成绩突出，受到国家绿化委表彰，荣获“全国绿化千佳村”称号。全村1.34万亩荒山从风沙四起的“和尚坡”变成了万亩林海，经济价值超过4000万元，人均近4万元，实现了生态效益与经济效益的良性互动，青山变成了村民的“绿色银行”。

时至今日，海雀村的百姓仍对老支书文朝荣四次出让救济粮的事情念念不忘。1984年春夏之际，海雀村连续遭受冰雹、大风和低温的袭击，造成粮食和经济作物大减产。全村130户628人，人均口粮只有197斤，群众生活十分困难。1985年春节前，乡里为群众安排救济粮，文朝荣家也在领取救济粮的范围，但是被他谢绝了，他笑笑说：“群众比我困难，还是考虑群众吧！”1985年6月初，海雀村群众普遍缺粮，乡里下拨5000多斤救济粮给海雀村。论缺粮程度，文

朝荣家应当摊上一份，但他说："作为一名共产党员，在困难的时候，应该先考虑群众，安排好群众的生活。"文朝荣不但两次让出了救济粮指标，而且还两次让出平价返销粮指标给村里最困难的群众。而他自己却想方设法凑钱，买议价粮维持生活。作为村支书，文朝荣想：全村救济粮指标靠自家一家人让出来还很少，怎么办？他说服了自己的哥哥文朝升、弟弟文朝华和儿子文德全三户让出了自己的救济粮指标，解决村里困难群众的缺粮问题。

海雀村处于高寒地带，主要农作物是荞麦和洋芋，种的玉米苗因为肥力欠缺，长得又矮又小，要是能有办法种出像样的玉米来，那该多好呀。

文朝荣心里想："这些年，政府给我们的救济粮是不少，但老是靠政府救济，海雀人腰杆儿直不起来。我们也要有志气，要想办法不再让领导们担心牵挂。"

1990年，为了使村民们尽快走出贫困，文朝荣又背上他的小黄包，装上洋芋下山了。他首先来到农技站。

这年春天，在海雀村破天荒地出现了白色地膜，村民们围拢来看稀罕。

文朝荣借机向村民们大讲科技兴农的好处，村民们表示怀疑，地都被胶纸蒙住了，还能长出庄稼？第一年，文朝荣没有说动一户人，只有自家地里种上了地膜苞谷。

秋收时节，他的地膜苞谷长得又粗又大，全村的老老少少看得眼睛发亮，村民们做梦也想不到，使用地膜覆盖种植，竟然能增加好几倍的产量。后悔、叹息的声音一阵接着一阵。

第二年，海雀村的村民们都在自家地里开始使用地膜种苞谷。

之后，文朝荣根据海雀村海拔高、土地贫瘠的特点，以科技兴农为先导，大力发展粮食生产。他一边积极推广地膜苞谷，一边大种绿肥，实行土地的有机改良，有效提高了土地的使用率。1994年，全村粮食总产量创历史最高水平。

文朝荣笑了。有了科技兴农，海雀人终于吃上了饱饭。

过去海雀穷，穷在恶劣的环境，更穷在教育。1985年，海雀村只有五个“读书人”，且没有一个小学毕业。文朝荣小学三年级的“文凭”，是当时村里的最高学历，他也因此成为村里第一个会计。好好办个小学，培养更多孩子读上初中乃至更高等的学校，是文朝荣平生最大的心愿。1988年一个秋天的早晨，文朝荣心情激动地在村民大会上说：“现在我们最最紧要的任务，就是好好为我们村的孩子们盖一所学校，不能再让他们像我们这一代一样，进城连个厕所都找不到……”

“是啊，早就应该有了，早就应该有了！”“有钱的捐钱，有材料的捐材料，好好给孩子们盖一所学校！”文朝荣首先带头捐了168元钱。

他的儿子回忆说：“那168元钱，是我家当时的全部财产，是我父亲头天瞒着我母亲把家里的牛牵到四方井街上卖掉得的钱。”

如今，在文朝荣的努力下，帮扶赫章县的台盟中央和地方政府共同投资46万元，为海雀村建起了一栋八间校舍的教学楼，办学能力从三个年级上升到了六个年级，不仅解决了整村儿童入学难的问题，也吸纳了邻近村的部分儿童到海雀小学读书。目前，村里最美的地方是学校。村里还成立了教育基金，考上大学有奖励，读职校都可以申请无息贷款。

老支书走了。下葬那天，大雪纷飞，华山松林银装素裹。与海雀相邻的四方村、红房村、双乐村、双河村……从四面八方赶来的乡亲们都在追忆发生在老支书和自己之间的故事：走的路、过的桥、住的房、山上林、兜里钱……哪一样没有老支书的艰辛付出？

“你放心，我一定会帮你守好这片林！”一位51岁的苗族汉子接过护林队长的重任，他每次巡山都要到老支书坟前，默默地和老支书说几句心里话。

“只有他配得上这个地方！”曾担任10年村支书的苗族老人王学方说，朝荣老哥下葬的地方正是海雀的“心脏”。

是啊！老支书弥留之际，仍然割舍不下那片他倾注了毕生心血的华山松林。他的墓地背靠海雀山，与华山松林相伴，听得见小溪的歌唱，看得见海雀的村庄，如同一棵傲然屹立、万古长青的华山松，就这样痴痴地守望着家园，守望着海雀的未来。老支书走了。他为海雀苗彝百姓而来，他造福了海雀村的子孙后代！

好人365 编辑感言

从毁林开荒到“全国绿化千佳村”，昔日贫穷落后的海雀村，如今实现了生态与经济的双赢，探索出人与自然和谐发展的新路。“当代愚公”文朝荣在村支书的路上，带领群众苦干实干，以不屈的毅力向贫困宣战，以百折不挠的精神让一个“苦甲天下”的不毛之地变成了富裕文明的和谐村庄。他用自己的一生，诠释了共产党人的坚定信念，用艰苦奋斗、无私奉献、愚公移山、造福子孙的实践铸就了“文朝荣精神”，体现了一个基层干部决战贫困落后的决心和勇气，民生为本、造福一方的使命与担当。反思摆在我们面前的结构转型、贫富差距、环境污染等社会问题，也都是一座座大山，更需要我们以“公”“实”“远”的当代愚公精神去解决。（刘鲲鹏）

好人365 网友点赞

宁夏网友：前人种树，后人乘凉，他为子孙后代创造了不可估量的财富。

唐玉溪：愚公移山，贫困面前不屈不挠，他用一生去为整个村庄奋斗！

留洋博士反哺家乡

我的事业在中国，我的成就在中国，我的归宿在中国。

——钱学森

他曾是海外留学博士，学成归国反哺家乡；他曾密密麻麻写满30本工作笔记，记录了他走遍300多个行政村的足迹；他为家乡父老鞠躬尽瘁，直到生命的终点。他就是人民公仆的楷模、好县长柴生芳。

2014年8月18日，甘肃省临洮县城，数千人拥上街头。

农民、工人、干部、学生、营业员、企业家……他们从四面八方赶来，他们从千家万户赶来，他们在与自己的好县长柴生芳做最后的告别——“马啣山上永生此木，洮河岸边千古生芳。”

8月14日，他连续工作了17个多小时。白天忙于处理一系列公务，晚上7点30分主持召开县政府常务会议。柴生芳一直开了6个小时的夜会，研究了22大项、53小项工作。15日早晨，办公室的同志打开房门，请他去参加一个镇的民主生活会，却发现灯依然亮着。他静静地和衣躺在床上，被子一角搭在胸前，靠墙的桌子上还放着半片没吃完的萝卜……

1969年7月，柴生芳出生于甘肃省庆阳市宁县一个普通的农民家庭。1990年，他从北京大学毕业后，被分配到甘肃省文物考古研究所工作。1997年5月，他办理停薪留职到日本国立神户大学留学。

2002年，在获得艺术史学硕士和文化结构学博士学位后，他辞谢了神户大学的高薪挽留，启程回国。对于这个选择，家人和朋友都表示不能理解，甚至是反对。

“你不好好在外面混出个名堂出来，又跑回来干啥？”大哥曾当面问过他。

“大哥，你看全国各地都在快速发展，甘肃老百姓还是那么穷，我回来就是想为甘肃改变贫穷落后的面貌做点儿贡献！”柴生芳回答。

2006年，他主动请缨，离开甘肃省委办公厅的工作岗位，一头扎进了“苦瘠甲天下”的定西，直到他倒在生命的终点。

他的大学同学回忆，柴生芳总爱对同学们讲自己的家乡，讲他小时候艰苦的生活，讲家乡的风土人情，“现在还记得他讲到用新打的麦子蒸出大白馒头，夹上油泼辣子和大蒜，吃着真香时，那个陶醉的表情。”在柴生芳的心中，家乡是一个神圣的地方。

同在燕园40号楼316宿舍住了四年的室友刘国祥发现，除了专业学习，柴生芳还关心国家大事，关心社会，特别爱读经济、人文社科、国际政治方面的书籍。“那时，我们宿舍经常睡前辩论，六个人在一起，国家的、社会的、个人的，什么事都辩论，他很有激情，有那么一种爱家、爱民、爱国的精神。今天，他为家乡父老鞠躬尽瘁、死而后已，如果寻找他的精神和思想的根源，其实是在北大求学期间甚至更早的时候就已形成的。”刘国祥感慨地说。

在柴生芳的日记中有这样一段话：“每一次回到甘肃，都看到家乡好像被改革发展的大潮遗漏了一样。”对此，他非常痛心。旦复旦兮，唯愿不忘初心——这是他对自己的叮嘱，只想为贫穷落后的家乡多做一些贡献。

从2006年起，柴生芳先后在安定、陇西、临洮工作。他坚持深入基层调查研究，能通车的地方开车去，车到不了的地方就走路去。临洮县全县323个行政村，他跑了近300个。仅他任县长的9个月时间里，行车总里程就达4万多公里，日均行程100多公里。

临洮县是“国家级扶贫开发重点县”，如何扶贫是考验临洮主政者的第一道难题。在县政府小会议室的墙上，挂着两幅全县地图。据办公室的人员介绍，这是柴生芳的“作战图”。地图上，临洮县每个乡村的地理位置处都画着各式图形符号，有牛、羊、猪、鸡，有马铃薯、中药材、瓜果。这是因为柴生芳提出了“强村抓提升、弱村抓培育”的产业培育思路，给全县323个行政村全部确定了主导优势产业，这些符号是各乡村产业发展的着力点。

临洮县是有名的贫困县，苟家山村又是贫困县里的贫困村。柴生芳就把苟家山定为自己的联系帮扶村。他先后11次深入苟家山，指导村里发展生产，帮助农民摆脱贫困。2012年3月26日，柴生芳第一次来到苟胜利家。苟胜利第一次见到这么大的领导，他结结巴巴地回答着县长的询问，柴生芳认真地记着笔记。“你家里的困难是不是这三条——老奶奶要看病，哥哥没事做，种地收入少？”听完了苟胜利

的话，柴生芳替他做了总结。临别时，柴生芳给他留下了手机号码，再三叮嘱："有事就直接给我打电话。"不久，在柴生芳的推荐下，苟胜利的哥哥应聘到一个建筑公司当保管员，一年收入2万多元。当年，苟胜利种了4亩黄芪、党参，收入2万来元。到2014年，中药材的种植面积又扩大到了8亩……苟胜利保存的一个小本上，记录了柴生芳11次走进他家的足迹，以及每次给予的帮助。2014年8月18日，为了赶上柴生芳的出殡仪式，苟胜利等六名村民租了一辆面包车，早晨5点就摸黑下山，只为见县长最后一面。

每天不论多忙、不论多晚，柴生芳都有坚持写工作日记的习惯，他几乎每天都要把自己一天的工作、学习情况逐项记录在笔记本上，以思考心得感悟、梳理发展思路。8年来，这样的工作日记有30本，170多万字。翻开柴生芳写下的第28本日记，记录日期从2014年2月27日开始，至5月28日结束。仔细翻看，每一页都记得密密麻麻，或勾、或圈、或画线、或以三角符号标明重点，须得仔细辨认，才能看得明白。没有空洞的话语，没有华丽的辞藻，工作日记记录的是他踏遍全县近300个行政村的泥泞脚印，是他深入群众嘘寒问暖的殷殷关切，更是他满怀理想投身事业的火热情怀。

光明村、合好村、康家沟、苟家滩、打石坪……柴生芳手绘出了一幅清晰的"村组地图"，临洮县南屏镇22个零散的村子，被用黑色签字笔勾画、串联起来。在柴生芳第28本工作日记的最后几页，有8张这样的乡镇村组地图，全是柴生芳走过的地方。

2013年“7·22”岷县、漳县地震，南屏镇受灾最为严重。震后，柴生芳跑遍了南屏镇的每一个村庄。有个村子路途遥远、交通不便，仅有12户人家，是南屏镇最偏远、最贫困、最落后的角落，也是灾后重建难度最大的地方。柴生芳翻山越岭，徒步近四个小时，来到这个群众口中的“划不着山庄”，一一入户走访了解灾情，实地督导每一个重建项目。村民说：“县长都到我们庄子上来了，我们再不能叫‘划不着’了，应该改名为‘划得来山庄’。”

走村入户，柴生芳听着群众的一声声期盼、一句句诉求。他在第24本日记的最后一页写下了这样一句话：“我能奉献给你们的，只有热血和汗水。”

“吃百姓之饭，穿百姓之衣，莫道百姓可欺，自己也是百姓；得一官不荣，失一官不辱，勿说一官无用，地方全靠一官。”在第30本日记里，6月16日这天，他记下了这副对联。在柴生芳的工作日记里，这样的话比比皆是。他是这样写的，更是这样做的。

“升官发财，请走他路！贪生怕死，莫入此门！”在第22本的工作日记中，柴生芳把这句话写在了扉页。

柴生芳坚持开门办公。刚开始大家不习惯，有时候还会随手关门。柴生芳就会对他们说，我们谈的是工作，没什么见不得人的。时间久了，大家知道了他的这个习惯，就再也没人关门了。柴生芳跟身边的工作人员说，大门敞开，送礼的人进了门就不好意思送了。

柴生芳反复叮嘱妻子祁雪莉：“随便收别人的东西，咱们就离婚。”这个底线，他俩一直在坚守。在妻子祁雪莉的印象中，柴生芳很单纯。吃饭穿衣一点儿也不讲究，常年穿着两套西装，一套西装袖子是好的，但领子已经磨出了毛边；另一套西装领子是好的，可袖子和裤边破了。走进柴生芳的卧室，能想起来的形容词只有“简陋”，甚至“寒酸”。一张床，一盏台灯，几件皆有缝补痕迹的衣服，两双鞋，床头的柜子上放着几瓶水，被子和床单早已洗得发白。柴生芳真的是如此不懂人情世故吗？其实，他是一个非常热爱生活、善于关心别人的人。他爱家庭。他知道，结婚以后他便与在兰州工作的妻子聚少离多，每次团聚他总是忍让她，呵护她。女儿出生时，他唯一一次专门请了七天假，从早到晚陪护着妻子。他还将自己80多岁的父亲接到兰州，让妻子平日伺候着。

2014年8月15日，当妻子得知丈夫逝去，失魂落魄地赶到临洮时，在丈夫栖身的小屋里，她看到了一条黑色皮带，靠近带扣处已磨损断裂，却被主人放在床头；一双白袜子，破了个大洞，还穿在丈夫的脚上……她哭了，那一刻，她觉得丈夫走得委屈。然而，走出屋子，她看到了一双双哭红的眼睛，一个个焦灼的身影，那是临洮城乡各地的群众，闻讯赶来送好县长最后一程的。

在柴生芳遗体被送往定西火化的那天，车缓缓驶过临洮县城，“柴县长，一路走好！”“人民的好县长！”……黑色的大字写在横幅上，写在报纸上，写在临时拆开的纸板箱上……表达着临洮人的心声。

“心里要有百姓，责任责任责任！”柴生芳笔记里的这两行字，力透纸背，字里行间体现的是党员干部心系群众、为民服务的公仆情怀。数千百姓自发长街送别，足见他在百姓心里的分量。真正把百姓放在心里的人，百姓也将永远感谢他、记着他。

好人365 编辑感言

在柴生芳的每一本笔记本扉页上，都写着“此木生芳”四个字。他曾多次向周围的朋友说，“此木生芳”，那一定要做些有意义的事才好。这个看似朴素却折射出对自身使命很高定位的追求，就是他对自己的严格要求。他用一生去践行了这个要求，做得朴实无华却又轰轰烈烈。以铜为镜，可以正衣冠；以人为镜，可以明得失。柴生芳是一面镜子，照出了一个为民、务实、清廉的好县长形象，照出的是一个时刻保持信念理想、崇高信仰的大写的“人”。（王　钰）

好人365 网友点赞

贵州网友：好县长柴生芳，深入群众，人民需要这样的好官，他也是所有领导学习的楷模！

四川网友：焦裕禄式的好干部，人民将永远铭记于心！

七旬夫妇支教十年

落红不是无情物，化作春泥更护花。

——龚自珍

本来可以过安逸的退休生活，可这对七旬夫妇却从北京来到贵州山区支教，而且这一支教，就是10年。

72岁和61岁，这个年纪的人多数都徜徉在各大公园休闲娱乐。可有一对北京夫妇，他们克服困难在贵州苗乡山区坚持支教10年。丈夫朱敏才曾长期担任我国驻外商务参赞，妻子孙丽娜则是北京市最早一批取得资格认证的小学英语教师。10年前，当夫妇俩得知贵州山区严重缺乏师资的消息后，再也坐不住了。

2005年5月28日，朱敏才夫妇坐着火车来到贵阳。经联系，在望谟县复兴镇第二小学，他们开始了支教生活。

朱敏才前半生工作的轨迹遍布小半个地球。他曾在外经贸部工作近40年，在加拿大、坦桑尼亚、利比里亚、毛里求斯等国家工作了17年，2002年从中国驻尼泊尔大使馆经济商务参赞的岗位上退休。

2005年年初，孙丽娜和老伴儿朱敏才被“感动中国”的大学生徐本禹的事迹深深打动。老两口儿想不到，一个刚毕业的大学生是如何能够耐得住贫穷和孤独，选择到贵州落后的大山里默默支教。看完节目，孙丽娜产生了到贵州山村教孩子们英语的想法，老伴儿朱敏才随即表示支持：“你去那里教书，我也去，更何况贵州还是我的故乡。”

“我们想要打开山区孩子看世界的‘窗口’。”朱老师说。之后，两位老人收拾了一下简单的行李就赶赴贵州，如今已待了10年。

朱敏才、孙丽娜夫妇通过媒体的帮助和自己的寻找，辗转贵州省黔西南州、贵阳、遵义各地，到望谟二小、尖山苗寨小学、世华小

学、裕民小学和龙坪镇中心小学支教。这些鲜为人知的学校名称，因为朱敏才而让更多的人知晓。

条件最艰苦的是尖山苗寨小学，这个位于贵州省兴义市马岭镇大蚌村群山之中的学校，是苗寨每户人家自己背石头建成的。每次从学校到集镇补充物资，都要步行4个小时左右。

尖山苗寨小学除了朱敏才夫妇只有一位老师。因为他们夫妇的到来，学校在语文、数学、英语课程的基础上，又给这些苗族孩子开设了品德、音乐、体育等课程。夫妇俩分工协作，孙丽娜通过媒体为学校募捐，与其他学校建立联系，开展活动；喜欢摄影的朱敏才担任起了为寨子里的乡亲和学校摄影的任务。地处山区的学校，与外面的交流很少，当地的孩子大多惧怕陌生人，不愿意说话，朱敏才夫妇通过上课、游戏、与山外的交流活动，让孩子们逐渐变得开朗、自信。

尖山苗寨小学的孩子们学会了唱汉语歌、跳舞，甚至深入地了解了“世界”的含义。在尖山苗寨小学一年，通过家访、闲暇时的活动，朱敏才几乎给全寨83户400多人都留过影。

朱敏才、孙丽娜夫妇至今保留着在支教学校里的每一张排课表和部分学生的作业本，并记录着教学生活中的点点滴滴。朱敏才还将支教生活做成视频和幻灯片，留作永久的纪念。

在孙丽娜保存的作业本里，有一位连寨子都很少走出的苗族女孩儿李兴艳，用日记记录了与两位老师喂养的墨西哥小狗吉娃娃的趣事，她在其中一篇日记中还写道："我不但想要当班长，还想要上大学。"

在遵义县龙坪镇中心小学的课堂上，孩子们没有照着书本朗诵，而是分小组用英文简单交流，并学习社交礼仪常识。

一个学生说："以前我不太敢跟陌生人说话，朱老师给我们画了一个图，教会我们怎么向人提问。如果现在有外国人来了，我也要给自己加油，和外国人说几句话。"

支教的这几年，远离了繁华的都市生活，朱敏才却找到了自己的乐子。自创健身棍法、中药保健养生、摄影、制作视频文件，这些兴趣爱好，让这位七旬老人感觉又回到了年轻时代。

如今，在朱敏才的床下，堆放着20来根一米多长的木棍和一把削木棍的小刀。这些从当地买回来的木棍，被朱敏才削得光溜溜的，一点儿也不拉手。取出其中一根，朱敏才来到屋外操场上，练起了自创的健身棍法。

为何会想到自创棍法？原来，朱敏才在尖山苗寨小学支教的时候，当地学生上学要走很远的路，且路上杂草丛生，经常有恶狗出没。当地的孩子很少一个人独自上学，通常都是成群结队才不会害怕。知道这个情况后，朱敏才辗转几夜想出了一个妙招儿。他立即弄来几十根棍子分发给学生，上体育课时，就当起了体育老师，教孩子们自创的棍法。

“拨草觅路”“大圈棍”“雪花翻飞”……一套棍法共有36个招式，朱敏才为其命名为“尖山棍法”。一根普普通通的木棍竟然有这么多种玩法，还能打狗自卫，这让孩子们感觉很新鲜，也学得很快。

从那以后，朱敏才每到一所学校都会教孩子们学“尖山棍法”。除了自卫，每天下午练习10多分钟，还能强身健体。

10年的支教经历，朱敏才、孙丽娜夫妇远离儿女，深受病痛折磨，厚厚的病历和检查化验单摞在一起近15厘米高。现在孙丽娜的右眼全部失明，左眼视力只有0.03，戴着眼镜她几乎把作业本贴在脸上才能看清。她已停止上课，但还是想方设法为学校增添物资；朱敏才也有高血糖、高血脂、呼吸暂停综合征等危险疾病。2014年10月25日，朱敏才突发脑溢血，累倒在支教的岗位上，因抢救及时得以脱离生命危险。孙丽娜说：“支教这几年，我定时回北京开药，顺便也带些生活用品过来，已经用坏了5个便携手拉车了。”

2012年，孙丽娜在北京治病，临回贵州的几天赶上春运。那一年恰逢实行网上购票。孙丽娜不懂，就只能一夜一夜地去火车站排队买票，可是怎么也买不到，而飞机票太贵她又不舍得买。为了跟老伴儿一起过年，孙丽娜只能改买北京到重庆的硬座票。那一年，已经58岁的孙丽娜一个人提着行李，拖着病弱的身子，挤在春运的大潮中，在人贴人的车厢里，硬生生坐了两天两夜。下了车，她双腿肿得已经不会走路了。孙丽娜到重庆那天，已经是大年三十，朱

敏才也坐了火车赶到重庆跟妻子会合。那年除夕，没有饺子，没有春晚，老两口儿就在重庆一间70块钱一晚的小旅馆昏暗的房间里，捧着两碗方便面，伴着外面的声声爆竹，迎来了新年。

离开北京10年，朱敏才从来没有回去过。他离开时，儿子女儿都还在上大学，而现在，他们已经为人父母。10年中，儿女结婚生子他都不在场。“每次从北京回贵州，女儿都要哭一场，其实我也好舍不得他们。”这10年中，孙丽娜不止一次地想过，他们夫妇俩如果没有来贵州支教，儿女的生活也许就会好很多。“起码有人帮着带孩子，在背后支持他们，过年过节全家人也可以聚一聚。”

不过，朱敏才和孙丽娜从未因此而后悔。朱敏才说：“当初我们来支教的时候就意识到，儿女和支教只能选一个，世上没有那么多两全其美的事，我们做了选择，就义无反顾。我现在最大的心愿就是让山里娃也能和城里娃一样，能大声流利地说好英语。”

二位老人的感人事迹通过媒体报道后，很多好心人给孩子们送来了学习和生活用品。孙丽娜说：“在黔西南州马岭镇尖山苗寨小学，好心人送的本子、笔，孩子们三年都用不完。100多个孩子，收到的赠送的衣服平均每人能得15件，东西太多了！”2014年，他们还获得了阿里巴巴公益“天天正能量基金”的首个10万元大奖，他们把这笔钱捐献给遵义县龙坪镇中心小学建一个食堂，让孩子们能在食堂里吃上“爱心午餐”。

2014年6月，中央电视台电视专题片《国魂》摄制组来到遵义县龙坪镇中心小学，对在这里义务支教的退休外交官朱敏才和他妻子孙丽娜的先进事迹进行了采访拍摄。

问及今后的打算，朱敏才笑着说：“我这把老骨头，或许哪天睡下去就起不来了，但我肯定会教到生命的最后一天！”

好人365 编辑感言

退休后，朱敏才夫妇本可选择舒适的生活安享晚年，然而他们却选择了走进贵州山区，忍受着身体的病痛，忍受着与家人的离别之苦，在条件艰苦的山区为孩子们传递知识、教书育人。老人不计报酬、无私奉献的精神感动了中国，也唱响了一曲真正意义上的夕阳之歌。正是他们，点燃了山区孩子们对生活的希望、对未来的憧憬。

老人手中的“教鞭”需要下一代人紧紧握住，他们的故事也将感召和鼓舞更多人为贫困山区奉献知识和智慧，将爱心和希望之火传递。（彭　鹍）

好人365 网友点赞

贵州网友：一对热爱教育的夫妻，扎根大山深处，教书育人，用无私奉献的精神诠释着教师这个神圣的职业！

边浩杰：朱敏才、孙丽娜夫妇用自己的实际行动诠释了什么是人间大爱，为山区的孩子插上了腾飞的翅膀。为这对夫妇加油点赞！

写邮件　草稿箱　已发送

收件人　haoren365@wenming.cn

主　题　心语

正　文

发　送

中国文明网
www.wenming.cn

扎根麻风村的『大管家』

人生价值的大小是按人们对社会贡献的大小来衡量的。

——**向警予**

他们扎根在麻风村，成了这里的“大管家”，甚至把自己的婚礼都办在这里……他们成了麻风病患者的亲人，为这群被遗弃的病患点燃了生活的希望。

广东省开平市蚬岗镇大山沟的玲珑医院，是一家特殊的专科医院，里面收治的是一群老年麻风病患者。他们多年来饱受病痛折磨，还遭受社会的歧视和亲人遗弃。但有一个人，却毅然选择在毕业后留在这里，兢兢业业照顾麻风病人，并将麻风病康复治疗作为毕生事业，他被人们称为“新一代最勇敢的人”，他就是广东省开平市玲珑医院院长董淑猛。

1979年，董淑猛出生在江苏省连云港市东海县的房山镇。1999年，他考上扬州大学医学院皮肤病与性病学专业。与麻风病村的第一次真正接触，源于实习。在麻风村走访中，董淑猛见到了许多病人畸形的肢体、流脓的伤口，但印象最深的却是村民冷淡的表情和态度。他回忆说：“那种自卑、躲闪、绝望、渴盼的眼神，怎么也忘不了。”那眼神中流露出的见到陌生人的喜悦与恐慌，让董淑猛隐隐地触摸到内心的震撼和责任感！董淑猛说：“我要把自己献给麻风病事业！”那时的一句青春年少的狂言，谁知后来竟成为诺言。

2004年1月找工作时，董淑猛和女友徐娜决定到“改革开放的前沿”广东闯一闯。他们通过网络联系到了开平市玲珑医院，考虑到医院的特殊性，时任玲珑医院院长的张荣卫说：“医院比较偏，你们自己来看看吧！”偏远、落后、破旧的玲珑医院，语言不通且肢体残缺的麻风病人，一切都与他们想象中的事业相差甚远，他们决定回学校考虑考虑。在回学校的火车上，张荣卫院长的一条“好儿女志在四方”的短信，使他们激动不已，猛然感觉青春找到了方向，决定立志献身麻风事业。

2004年7月9日，董淑猛和徐娜在玲珑医院开始了职业生涯。做出决定不难，甚至他们在踏上了南下的列车时，还在互相鼓劲儿，对即将面临的困难做了充分的心理准备，但到了真的面对现实时，才发现很多困难都是难以想象的。

由于身处大山，交通不便，为了能吃上瓜果蔬菜，董淑猛最初靠骑单车到距离最近的金鸡镇采购。因为三天才逢一次集市，加上没有冰箱，刚开始他们只购买一些洋葱、土豆、火腿等耐放的食品。几个月后，董淑猛才花300元购买了一台二手冰箱。

遇上天旱，山里缺水，饮用水要靠一台老式抽水机从185米深的地下抽上来；雨天容易滑坡，山路常被堵塞，董淑猛一连几天吃不上菜，只能用盐煮稀饭。为解决吃饭的问题，从来没有干过农活儿的他也拿起锄头，在医院附近的荒地开辟了“小菜园”。如今，董淑猛已经退休的老父亲也来到这里帮儿子开垦，吃不完的蔬菜还常与村民分享。为解决大山里信息闭塞的问题，他们自己买了电脑，可以上网，通过网络学习和掌握新的信息。

玲珑医院始建于1957年，有60多年的历史，迄今已有800多位麻风病人在该院登记住过院，目前还有50多位住院。他们中有的也曾经回过自己的家乡，可是乡亲们见了他们唯恐会染上麻风病，避而远之。他们几乎到任何地方都不被接纳，只好回到麻风村生活。当时的玲珑医院医疗设备简陋，只有一台旧显微镜，只能用眼睛观察病人

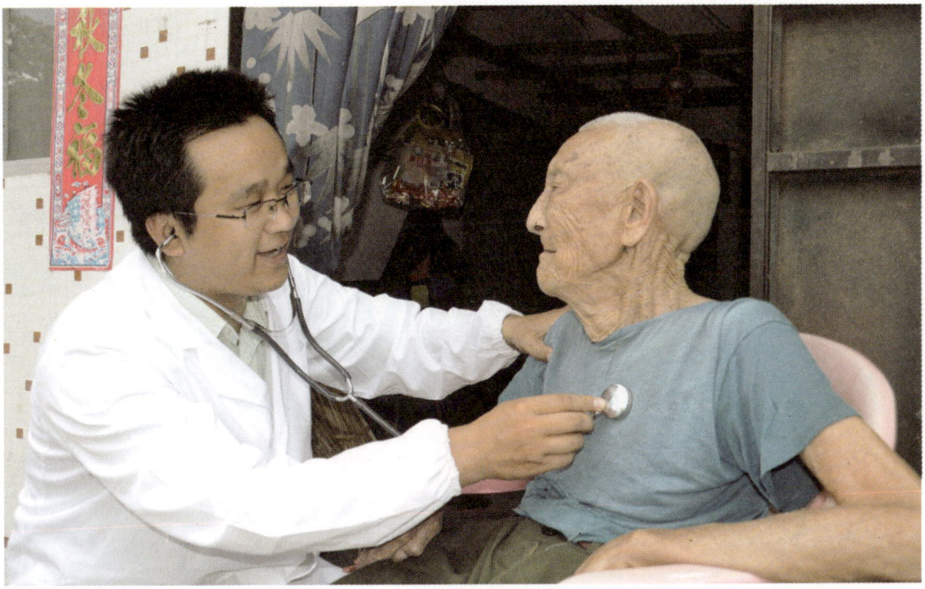

的病情，有时还不得不用手直接触摸病人溃烂的部位，这是工作中的障碍。

最初帮病人看病的时候，董淑猛和徐娜都要戴着口罩穿着防护衣，这不仅是为了防止被传染，仅病人伤口上的气味就让人难以忍受。但他们想到自己是医生，为病人解除痛苦是自己的职责，也是自己选择来这里工作的动力，于是他们对自己说："要坚持下去。"

随着时间的推移，现在董淑猛和徐娜可以很坦然地和病人一起聊天、游戏了，还时常到病人家串串门，尝尝他们做的饭菜。病人们也非常喜欢这两个年轻人，每次看到董淑猛和徐娜到病区来都非常高兴，还主动跟他们打招呼。病人们种的最好的菜都舍不得吃，那是留给董淑猛和徐娜医生的。每年中秋节，董淑猛和徐娜都会与病人们一起编好多大红灯笼，让玲珑医院一下子有了家的氛围。他们还策划了“玲珑是我家”的联欢活动，病人们有的唱着粤曲，有的哼起开平小曲，其乐融融。

在玲珑医院一公里外的地方是玲珑村，52个村民都是麻风病的治愈者，最大的88岁，最小的47岁。他们因回乡后乡亲们害怕被传染而不被接纳，只好回到麻风病村生活。玲珑医院，则成为该村的社区卫生服务中心。

麻风病人都是长期病号，有的在村里一住就是几十年，医生和他们之间与其说是医患关系，不如说是亲人。董淑猛说，给麻风病人治病不仅要用手去触摸他们身上的伤口，还要用心去抚平他们心灵的创伤。

2008年，张院长退休后，董淑猛成为玲珑医院院长、党支部书记。除少量前来看皮肤病的病人外，玲珑村村民的常见小病都由医院负责。这些年，董淑猛几乎每天都到村里走访，村民也早已将他视为“家庭医生”和“大管家”，无论是生活上有困难或是要办证件、申请相关补贴等，都会第一时间找到他。

2013年年初，60多岁的吴伯因麻风病后遗症导致足底溃疡，村长半夜把他送到玲珑村。董淑猛急忙帮吴伯补办了身份证，又申请了低保，还安排他到江门五邑中医院截肢治疗。

56岁的病人财叔，患的是最严重的一种麻风病，已经到了晚期。董淑猛最初见到他的时候，着实吃了一惊：他的两只眼睛已近失明，手和脚严重溃烂。比起身体的病痛，令财叔最感凄凉的是遭家人遗弃。因为没有结婚，弟弟是他唯一的亲人，但弟弟只是偶尔送些钱，从来不看望他。于是，董淑猛和徐娜便担负起了医治财叔的重任，一周两到三次用药水帮他擦洗溃疡部位。在两人的精心照料下，老人的病情逐渐好转，饭量也大增。在玲珑村，类似财叔这样的病人有很多，由于怕把麻风病传染给别人，很多患者都不愿与生人接触，无论生活中还是精神上，都是相当寂寞的。董淑猛十几年如一日，照顾他们的生活，医治他们的疾病，抚慰他们的心灵。逢年过节，他们总是组织村民们一起搞联欢。这么多年的年夜饭，董淑猛都没有回过老家，每年他都会买来鲜肉和面粉包饺子，给每个村民送上一份，与他们一起吃团圆饭，陪伴他们度过一个个充满欢声笑语的春节。麻风村的病人也早已把这两个人当成是自己的亲生儿女了。

董淑猛来到玲珑医院工作11年了，他回家的次数用十个手指头都能数清，他说：“不是我不想家，而是我走不开，这么多老人家多

病多痛，我怎么忍心走了不管呢？徐娜也只回过几次家。”董淑猛已经把病人当成了自己的亲人，把玲珑医院当成了自己的家。

记得2006年，董淑猛和徐娜结婚时，本来双方父母建议他们回老家举办婚礼，但是他们认为，玲珑麻风村就是他们的家，医生和病人就是他们的亲人，婚礼当然应该在这个家里举行。虽然没有奢华钻戒，但是两人精挑细选的别致婚戒，承载着更厚重的诺言；虽然没有新房，但是老房子被他们装饰一新，门窗上还贴上了大大的“囍”字；虽然没有豪华婚宴，但是所有的医患人员齐上阵，在麻风病村里为他们准备了俭朴、美味的酒席。张院长是他们的证婚人，所有的病人都是他们的客人。望着心爱的妻子，董淑猛不禁说：“我的爱在江门扎根了！”

2014年初，他们添了一位小公主，她的到来为玲珑医院带来了更多的欢乐，她的每一次笑声都似乎在告诉人们，这是一个充满爱的地方。董淑猛感慨地说：“我的爱在江门、在玲珑医院深深地扎根了，我们孕育了一颗爱的种子，希望她能将爱心延续下去。”

好人365 编辑感言

董淑猛在平凡的工作岗位上，做到信念坚定、坚韧不拔，让小事成就大事，让普通成就非凡。雷锋日记中有一段话：“如果你是最小的一颗螺丝钉，你是否永远坚守你生活的岗位？”这句话告诉我们无论在什么样的岗位，无论做着什么样的工作，都要发挥最大的能力，做出最大的贡献。今天，董淑猛的善行义举让我们更加深刻地体会到爱岗敬业、无私奉献的含义，也感受到它被赋予的更深刻的内涵，那就是为事业、为他人、为社会和国家不求回报的爱和全身心的付出。（文聿明）

好人365 网友点赞

小沫：在平凡的工作岗位上，做出不平凡的成绩，他这种无私奉献的精神值得我们大家学习。

四川网友：医者大仁也！董医生，给你点个大大的赞！

写邮件　草稿箱　已发送

收件人 haoren365@wenming.cn

主　题 心语

正　文

发　送

中国文明网
www.wenming.cn

『斤斤计较』三十年

天下之事，常成于勤俭而败于奢靡。

——陆　游

捡拾小零件，传承大美德。矿工李传代，参加工作30多年，每天坚持在井下捡拾遗漏的小零件，一颗螺丝、一个垫圈、一颗铆钉……

“李师傅，您的工具包咋比我的重呢，有什么好宝贝吗？”2014年7月28日早班升井途中，刚分配到淮北矿业集团杨庄矿保运二区的技校生卢东东，提着师傅李传代的工具包好奇地问。随同李师傅一道上井的老工人武云飞哈哈大笑：“李师傅包内‘宝贝’多着呢，有下井捡拾的螺丝、弹簧垫圈、胶皮圈……”

在杨庄矿保运二区，那些在井下遗漏的、废弃的小零件，都被职工当“宝贝”一样捡拾起来装进工具包里，这个节俭的好习惯、好传统，在杨庄矿保运二区已经有30多年的历史了。

30多年的坚持，捡拾、回收了3000多公斤的生产零件，李传代及其工友们用行动传承着勤俭节约的传统美德，践行着爱岗敬业的社会主义核心价值观。“虽然我在工作期间和工友捡拾、回收零件的量比较大，但不代表是我们开的头，我也是受到了其他人的影响。”李传代说。

1981年进入杨庄矿综采二区工作、当时年仅20岁的李传代和许多毛头小伙子一样，在工作上也不太注意细节。“不能说是刻意浪费，但大伙儿有时会将拆下来的旧零件随手丢弃，没有想到是否可以回收利用。”李传代说。当时，担任该区党支部书记的是全国劳动模范马典周，是全区有名的“婆婆嘴”，一有时间他就会反复教育工友们学会勤俭节约，不能有丝毫的浪费。

1981年3月的一天，李传代在井下拆除综采转载机时，将一颗有问题的螺丝随手扔掉，碰巧被老师傅马典周发现了。马典周捡起被李传代扔掉的螺丝，语重心长地对他说："小李，你可知道这一颗螺丝值多少钱？是你一个月的工资啊，我们不能随便浪费。国家现在还很穷，大型机组主要靠外国进口，每个零部件都十分昂贵。我们要珍惜每一个零部件，能修复、复用的绝对不能浪费。"听了马典周的话，看着他手中小小的螺丝，李传代内心受到了巨大的震撼。"当时我一个月的工资是50块钱，那颗螺丝大概是30多块钱，对比之下，我切实感受到了浪费的可怕。"

从那以后，李传代用来装饭盒、水杯的背包成了名副其实的"零件包"。每次下井工作时，李传代总会留意一路上有没有散落的零件，在安装和维修设备时，也总是将能够继续使用的旧零件带回井上上交，或留着备用。渐渐地，李传代的行为被工友们发现了，人们开始学习他的做法，自觉捡拾、回收零件的工人越来越多。

1983年，李传代被调入机电科担任团支部书记，与他一同调去的还有勤俭、爱岗的工作作风。刚到机电科，李传代就召集工人开会，向他们强调节约的重要性，希望他们可以加入到回收零件的队伍中来。在李传代的影响下，勤俭节约的风气在机电科逐渐扩散开来。为了提高工友们捡拾、回收零件的积极性，李传代从矿上争取了一笔奖励作为团支部的活动经费。"然后我再将这笔经费用于奖励回收零件数量较多的工友，或者用来开展团支部活动，丰富工人们的生活，大家伙儿很支持，干劲儿也更大了。"据李传代介绍，在机电科工作期间，整个科室每年都能向矿上上交大约50吨的废旧材料，为矿上节约了大笔开支。

1984年，李传代被调到保运区掘进机械化队担任副队长，良好习惯的传承还在继续。

掘进机械化队负责全矿的掘进机械皮带机和刮板运输机以及各类开关等设备的维护、安装、拆除工作。当时，该队部分职工节约意识淡薄，有时干完活儿就急于收工，井下遗留的螺丝、弹簧垫圈、胶皮圈、卡爪等零件随处可见。了解到这一情况后，李传代抓住一切时机教育队员们要减少浪费、注意回收，但效果并不明显。一些队员认为，零件旧了就没必要再回收，一是麻烦，二是量也不大，没什么意义。“我并没有因此而恼火，因为我知道，大伙儿都和当年的我一样，对浪费没有切身的感受，我决定用自己的行动去影响他们、引导他们。”

那段时间，李传代和队里的另外几位队员每班总是走在最后，捡拾着职工丢弃的小零件，带到井上集中存放起来。一段时间后，在一次班前会上，李传代使出了“杀手锏”。那天，李传代将前段时间收集到的零件一下子倒在了桌子上，堆起了高高的一堆。经过材料员现场估计，这些零件价值约200元左右，而在当时，200元相当于4名工人一个月的工资。

从那以后，整个掘进机械化队的思想统一了，职工们养成了收工后捡拾小零件的良好习惯。那时，矿上还没给工人配备专用的工具包，李传代就和队员们用废旧皮带的中间层加工成工具包，将上

下班途中捡拾的小零件，装进包里带上井，交给库管员归类复用。30多年来，矿职工捡拾的是小零件，传承的却是大美德。

“20世纪90年代煤炭一度滞销，矿井资金十分紧张，我们通过勤俭节约，为企业省了不少钱。现在煤炭企业又遇到了经济困难，浪费少一点儿，效益就会高一点儿，职工收入就会增加一点儿。”李传代说。

李传代还将自己掌握的技能毫无保留地传授给青年职工，并结合实践认真细致地讲解故障产生的原因及处理方法，让更多的职工学习到书本上所学不到的知识。日复一日、年复一年，一批批青年职工在他的指导下，逐渐成长为各自岗位上的骨干、能手。

如今，李传代的事迹已经在杨庄矿传扬开来，全矿各个单位都在学习他的精神。

好人365 编辑感言

勤俭节约、艰苦奋斗是我们的传家宝，世世代代不能丢。一个螺丝、一个垫圈、一颗铆钉，微不足道，价值有限，但当任何人看到李传代师傅的“井下小件回收站”回收的3000多公斤零件时，都会大吃一惊，也会为随手扔掉不起眼儿的“财富”感到汗颜。看似不起眼儿的小零件，日积月累地浪费，就会造成巨大的损失。看似“斤斤计较”的节俭，坚持30多年，也能形成良好的效益。在推动产业转型、节能降耗的今天，我们作为国家建设与发展的主人翁，更需要在日常工作中，树立节约意识，养成节约美德，培育崇尚节约文化。为国家节约能源资源，不妨就从身边的小事做起，如打印文件时不浪费纸张、办公室没人时及时关灯、公共场合不乱丢垃圾等，养成节俭习惯，改变的也许不仅仅是我们自己，更有可能是整个社会。（杨学静）

好人365 网友点赞

宁夏网友：节约是中华民族的优良传统美德，勤俭节约要从小事做起！

飞天『数据王』

我是炎黄子孙，理所当然地要把学到的知识全部奉献给我亲爱的祖国。

——**李四光**

“宁可牺牲生命，决不拖欠使命。”这是扎根大凉山21年的“数据王”车著明的豪言壮语。航天的征程令人神往，从嫦娥奔月的传说，到如今的卫星上天，中华民族从来没有停止过太空探索的脚步。正是车著明这样敬业奉献的航天人，成就了中华民族的飞天梦。

他，10年潜心苦读、3次参加自考、4次角色转换、17项部委级科技进步奖、3项国家发明专利、21年根植大凉山、70多颗卫星发射的护航者，一连串的数据连接起来，描绘出了一个不折不扣的“数据王”形象。

他，放弃大城市的工作机会，无视企业的高薪邀请，不顾个人身体状况，一直坚持与坚守，成就了今日的航天梦。

他就是大凉山的航天追梦人——车著明。

1963年，车著明出生在湖南省邵阳县黄荆乡腊树村的一个贫苦家庭。读初中时，父亲去世。为了减轻家庭负担，作为长子，他主动放弃了考大学的机会，选择读中专以尽早参加工作。15岁时，他以优异的成绩考入了湖南省机械工业学校，成为大山沟里第一个全日制中专生。

中专毕业后，车著明被分配到湖南邵阳一家氮肥厂工作。那时候的工作一天24小时连班倒，车间里尘土满天，机器的轰鸣声震耳欲聋。为了保证相对固定的自学时间，他每天只睡5个小时，凌晨3点准时起床开始学习。

1986年，车著明中专毕业6年，此时已是氮肥厂的设备科科长，还被选为县政协常委。可能大多数人都会继续选择安逸的生活，但车著明却不甘平庸，选择了参加全国自考。

通过自学，他相继获得了专科、本科文凭，并在1990年通过国防科技大学研究生考试，成为应用数学概率论专业当年录取的唯一一名研究生。

苦读让车著明从此与数据结缘，而他的航天梦被激发却是一次偶然。1992年3月22日，中国为澳大利亚发射通信卫星并现场直播，车著明和同学们守在电视机前等待那激动人心的时刻。然而，火箭却发射失败了。车著明回忆说，当时他脑子一下就蒙了，就是那天他下定决心："我想去发射基地，干航天！"就此，毕业后的车著明放弃了工作条件更好的大城市，选择了离家乡很远、地处四川大凉山深处的西昌，开启了他的航天之路。

进入21世纪，中国航天事业加速发展，西昌卫星发射中心承担的发射任务从过去几年一发增加到一年几发甚至十几发。车著明牵头研发出的航天发射数据快评系统，在实战中频频立功。

2011年8月，"天宫一号"目标飞行器发射前夕，一次火箭发射遭遇失败。该火箭与即将发射的"天宫一号"火箭是同一型号，这意味着"天宫一号"的发射也可能会出现问题。工业主管部门将改进火箭、验证飞行的任务交给西昌卫星发射中心。9月19日，车著明带领数据处理团队，紧盯火箭遥外测数据变化，点火500秒后，就得出可靠的数据分析报告：火箭改进措施验证可靠，可以执行后续发射任务。8天后，改进型火箭托举"天宫一号"顺利升空。"数字背后是安全，一丝一毫也马虎不得。"车著明总是这样告诫自己。20多年来，他参加了70多颗卫星发射的数据处理任务，每次都圆满完成。他也因此获得了一个外号——"数据王"。

每次航天发射，车著明总是最先出现在安控岗位，负责监控火箭起飞后的速度、高度、温度等速变参数，为实施安控提供重要判断依据。凭借他对数据的精准把握，一次次危机消弭于无形。

2010年1月17日，一颗北斗卫星在基地发射升空，起飞50秒后，安控显示屏上的曲线突然出现连续跳变，安控机房里的气氛骤然紧张起来。当大家紧急会商是否该按下自毁按钮时，车著明冷静判断：火箭没问题，是跟踪测量设备数据不准。果然，曲线在之后恢复正常。目睹这一幕的人们感叹："车高工，神了！"

熟悉车著明的人都知道，他还有个特点——"鸡蛋里挑骨头"。2007年10月，"嫦娥一号"发射前夕，车著明发现仿真计算结果显示的火箭飞行轨迹严重偏离理论轨道。尽管仿真结果不影响发射任务，但他还是不放过任何一个疑点，连续两天两夜进行验算复核，终于揪出仿真程序中的一处错误代码。修正后，"嫦娥一号"如期发射。正是这种"鸡蛋里挑骨头"的精神，确保了中心的航天发射任务连战告捷。

扎根大凉山20多年，车著明天天埋头和数据打交道，长期过度操劳，严重影响了他的身体健康。

40多岁的他已是满头白发，还出现头晕、腰椎间盘突出等病症。

有一年春节刚过，某系统研发任务进入攻关阶段，车著明却因患上严重的甲型副伤寒，上吐下泻、疼痛难忍，住进了医院。在医院里，他满脑子想的还是工作，在他的再三要求下，家人把笔记本电脑送到医院。他把病房当作了临时办公室，每次输液他都对护士说："请扎我的左手，右手还要握鼠标操作电脑呢。"一天下午，研发团队遇到了一个难题，怎么都攻不破，不得不打电话向车著明求助。他立即拔下针头，赶到了机房，连续几个昼夜苦苦煎熬，成功攻破了难题。看着车著明蜡黄的脸、输液后青紫的手背，同事们都眼含热泪，感到心痛。大家清楚，车著明就是这样一个人：宁可牺牲生命，决不拖欠使命！

工作20余年，车著明没有带妻儿看过一次发射，没有陪妻儿回老家过过一次春节，就连婚纱照都只有妻子一个人。多年前，一位朋友在得知他们没有拍过婚纱照后，专程从影楼要了一张优惠券给了他妻子。可那段时间，正赶上中心有任务，拍婚纱照的事就一推再推，眼看优惠券就要过期了，车著明终于答应去拍了。但到影楼一看，照相的人很多，车著明等了会儿对妻子说："你先在这儿排队，我回去处理点儿事。”车著明就是这样的一个人，永远把工作看得最重，把时间看得最宝贵。

追逐航天梦的路上，车著明也曾面临艰难的选择。10多年前，湖北某数控机床企业即将上市，该公司董事长是车著明的同窗好友，几次请他到企业担任技术负责人，开出年薪40万元、安排家属就业的优厚条件。当时，车著明一个月的工资不到4000元，妻子是售货员，日子过得紧巴巴的。车著明动了心，甚至写好了调离申请，但经过几天的思想斗争，他最终选择了留在原来的岗位。有人问他后不后悔，他回答：“选择40万元，无非是存折上多几个0，可我爱数学、爱航天，一辈子踏踏实实干自己喜欢的事，这样的人生挺幸福！”

现实也在印证，当纷繁复杂的航天发射数据化作一颗颗卫星直冲云霄、圆满飞天时，车著明的航天梦也伴着这条征途在无限延伸，不断飞向了天空，飞向了远方……

好人365 编辑感言

“平凡却不平庸”，车著明的事迹就是对这句话的最好阐释。出身贫寒，却通过自己的努力奋斗奋进；面对国家荣辱，毅然放弃大城市的工作投入航天事业；工作枯燥，却默默坚守创造航天神话；面对家庭，却选择舍弃小家成就大家。因为选择了航天事业，再多危急时刻，再多枯燥艰苦，再多心酸苦楚，他都默默地坚守，这是他十足

的敬业精神。他为国家航天事业奉献的同时，也收获了人们满满的尊敬！（董南希）

网友点赞

上海网友：只要有恒心，人人从自己做起，不息地奋斗，终能圆梦明天。

一羽微澜：为车著明用奉献换来的不平凡人生点赞！

写邮件 草稿箱 已发送

收件人 haoren365@wenming.cn

主　题 心语

正　文

发　送

中国文明网
www.wenming.cn

一人脏换来千人净

革命工作只有分工不同，没有高低贵贱之分。

——毛泽东

杨梅是一名普通的公共卫生间保洁员，她不嫌活儿脏，不怕事小，在最不起眼儿的工作岗位上做到了勤勤恳恳、兢兢业业。在日复一日的爱岗敬业中，在一次次的灿烂微笑中，她向众人传递着正能量的美。

1988年，杨梅随同丈夫从广东汕尾来到河源，在河源市区一家国企当上了仓库管理员。那时的她，留着一头及腰的长发，经常穿着漂亮的连衣裙。2000年，因为这家国企改革，员工分流，杨梅被分配到河源市城管局上班，成了一名扫街的环卫工人。

从原来可以体面地坐在办公室里上班，到突然要上街打扫卫生，杨梅打心里不是滋味。上街扫地的第一天，杨梅不好意思穿上环卫服出家门，便将环卫服用黑色的袋子包得严严实实，到了城管局后再穿上，然后戴上一顶大大的草帽，确保没人能轻易认出后，才安心地推着垃圾车上街。

精神上的压力增加了，工作强度也加大了。原来一天只需工作8个小时，现在每天清早5点就要出门，工作长达10个多小时。瘦弱的她，每天还要拉上五六车的垃圾到数公里外的垃圾中转站，而这一车垃圾就重达200斤。一天下来，杨梅累得腰酸背痛，晚上回到家常常吃不下饭。

因为辛苦劳作，杨梅原本细嫩的双手长满了老茧，手上、脚上青筋暴起，而且常常一身汗酸味。为了便于工作，她那及腰的长发也被剪去。

不过，这些辛苦都是次要的。一次，女儿的一个小举动，深深刺痛了杨梅的心，但同时也坚定了她做好这份工作的决心。

当时，杨梅负责清扫的街道刚好在女儿就读的市一中附近。一天，女儿放学与同学一起回家，远远看见母亲在扫地，她立即拉着同学绕道而走。杨梅见状，推着垃圾车默默地背过身去，瞬间泪流满面。

“女儿不理解，工作又辛苦。是否要放弃？”那天回家后，杨梅辗转反侧地想了一整晚，但最后还是下定决心：工作不分贵贱，一定要干好这份活儿。

隔天清晨出门，杨梅坚定地穿上了环卫服，大步朝着城管局走去。

为了让女儿改变对自己的看法，杨梅经常在晚上回家后，让女儿给自己擦药酒，然后跟女儿谈心。看着母亲整天劳累，女儿的心态也慢慢地改变了。她经常帮忙做家务，假期帮母亲上街扫地，晚上给母亲泡脚。

因为杨梅的辛勤劳动，她负责的街道干净整洁，经常受到领导的表扬。这让杨梅感到很自豪：只要认真工作，就会得到认可。

2003年，杨梅又服从安排成为了一名公厕管理员，负责离家不远的金钩湾公厕的保洁。

杨梅负责的金钩湾公厕，就在河源市区新城汽车站附近，每天都有数百人到公厕方便，但那里的公厕却是市区最干净整洁的公共卫生间之一。

地板、墙壁干净铮亮，空气中弥散着浓浓的清新剂的味道，蹲位干净明亮，看不到污渍。公厕对面就是药店、水果店及居民楼，居民们都不喜欢“开门见厕”。但在这里，一切都显得非常和谐。“这家

公厕比我家的还要干净，感觉很温馨。”水果店老板张先生说。当初他还担心会臭气熏天，现在看来，当初的担心完全没有必要。

因为公厕内一尘不染，一些来上厕所的人，会脱鞋进厕所内方便，友好地跟杨梅打招呼问好。“这里的厕所太干净了，进去方便时我不自觉地就脱下了鞋。”附近的住户李阿姨这样说。

这样“舒心如厕”的环境，离不开杨梅的辛勤劳动。每天早上6点30分，当许多人还未起床的时候，杨梅已经开始了一天的工作。她换上工作服，穿上雨鞋，戴上套袖，打扫便池、清扫地板、喷洒空气清新剂。为了方便市民，营造良好环境，杨梅还自掏腰包，购买了卫生纸、空气清新剂，放在公厕内。

杨梅的家就在金钩湾公厕附近，是简易的水泥房。“不好意思，家里很乱。”杨梅难为情地说。因为工作忙，她一个星期才收拾一次屋子。走进杨梅的家，凳子上、沙发上，都堆着凌乱的衣服。

“我家里不可能每天都抹，但公共卫生间是每天都抹得干干净净的。卫生间打扫干净了，大家来就觉得舒服了，自己也舒服。”面对家里跟公厕间的卫生差距，杨梅这样解释。

公厕的卫生情况，大多数人可能都亲身经历过。“每天都会有部分人，非常不注意卫生，经常将污渍弄到地板、墙壁、厕门上。”据杨梅观察，有些如厕者有个不良的习惯，一进公厕门就先随地吐一口痰，再踩来踩去，非常不好打扫；跑进公厕贴小广告的也是一天好几轮，需要一遍又一遍地清理。“前些年，公厕用的还是木门，一些门缝里都能溅进去‘污渍’。我就只能拿钢丝球去刷，手指经常刷出血。”

杨梅还自己写过一首诗提醒如厕者：“文明新风尚，卫生靠大家。不要乱吐痰，不乱扔杂物……”念起自己的诗，杨梅害羞得红了脸，不好意思地笑着说：“原本写了八句，后面四句想不起来了。当时就是有感而发，觉得还挺押韵的。”

在工作中，更难能可贵的是，杨梅始终对周围的人保持微笑。就这样，靠着自己的勤劳和友善，杨梅和周边住户建立了良好的关系。

在十几年的保洁生涯中，杨梅常常会捡到市民、游客忘记带走的物品，每次她都妥善保管失物，积极寻找失主，并及时将物品还给失主。面对一些需要帮助的市民，杨梅还会热心地提供各种帮助。

2011年冬天的一个下午，有位大姐拎着旅行包，一屁股坐在杨梅负责的公厕楼梯上抱头痛哭。杨梅见状上前询问，但大姐只是一个劲儿地哭。到了晚上6点多，杨梅到对面的餐馆给她买了饭菜，她也不吃。一直到晚上11点，这位大姐忽然说，她要在公厕过夜。杨梅想请她到自己家里去住，大姐执意不肯。看她一个单身女性，为了她的安全，杨梅只好陪她在公厕管理房过了一夜。

没想到，大姐这一住就是六天。断断续续地，她向杨梅说出了她的遭遇。原来，大姐是山东泰安人，姓刘，40岁，2010年和丈夫一起来到河源，在一家工厂做事。因为儿子要高考，刘大姐就回家照顾儿子了。可让一家人没想到的是，老公在这期间竟有了外遇，还提出要离婚。这样的突变瞬间击垮了刘大姐，她不知道该去哪儿，也不知道日子要怎么过下去。

刘大姐的遭遇让杨梅一家人非常同情。为了帮助她重拾生活的信心，杨梅一家人努力帮刘大姐找工作，最后成功介绍她到一家茶庄上班，开始了新的生活。

2014年4月，居民张秋香的丈夫郑世泽不幸患了肝癌，而且到了晚期，每天都需要近2000元的医疗费用。由于家庭经济困难，在医院住了一段时间后无奈出院。张秋香没有跟任何人说这件事，但她在公厕内经常偷偷伤心落泪的情景，被细心的杨梅发现了。

“你怎么了？为什么哭？”一次，杨梅忍不住问伤心落泪的张秋香。“我老公肝癌晚期，无钱医治只好从医院回家了。”张秋香哽咽着说。“我这里有一点儿钱，这就给你回家拿去。”得知原委后，杨梅立即回家，将在2014年获得“广东好人奖”的5000元奖金给了张秋香。

2013年被评为敬业奉献类“河源好人”后，杨梅获得了2000元的奖金。这钱该怎么用，让杨梅犯了难。同事们知道后，都劝她把奖金贴补家用。但她还是把奖金原封不动地放着，“我还是想着捐出去。看见那些需要帮助的人，我想捐给他们。”

经过多方打听，杨梅得知，河源市源城区东埔中学一名正在读高三的学生黄青霞，母亲去世，父亲要独自抚养三个子女，负担很重，黄青霞面临失学。杨梅将钱送到了黄青霞手中：“你们比我更需要。”

杨梅一个月的工资仅有2800元，丈夫无固定职业，女儿上大学，光生活费一个月就要1000元。杨梅一个月的工资还不够家里的开销，但面对困难的学子和市民，她总能慷慨解囊。

对困难学子和市民能如此慷慨，但对丈夫和孩子，杨梅却有点儿“小气”。杨梅的女儿在广东华南农业大学读书，一开始生活费每月仅有600元，熬了一个学期后，杨梅才给增加了400元。她经常教育女儿，衣服只要干净整洁就好，不用太贵，不要跟其他人攀比，要努力学习。她还经常叫丈夫少抽烟、少喝酒，节省家里的开支。

不知不觉间，杨梅爱岗敬业、乐于助人的行为影响了身边的许多人。

编辑感言

杨梅只是一名普通的公共卫生间保洁员，但就是这样一个人，不嫌活儿脏，不怕事小，在最不起眼儿的公厕保洁员这个岗位上勤勤恳恳，阐释着“劳动光荣”的理念，用全心全意的服务，为市民营造了良好的如厕环境，用心擦亮了一座城市的文明窗口。在茫茫人海中，杨梅是平凡的，但她又是特别的。在这个普普通通的岗位上，让大家感受到她如花般的美丽。这种美，在她一次次的微笑之中，在她日复一日的爱岗敬业中，在她无私地向一个个萍水相逢的人伸出援手之中。这种美，一天天地绽放，平凡而绚烂。这种美，就像一颗颗文明的种子，在人们心中生根发芽。（王文宇）

网友点赞

宁夏网友：平凡的岗位有着这些不平凡的人，他们早出晚归，承受着日晒雨淋，我们应该尊重他们的劳动成果！因为有他们，我们的城市才更美丽！

山西网友：善良的人在哪里都会想着助人！向杨梅致敬！

最美民兵夫妻哨

以国家之务为己任。

——韩　愈

在我国的南海，有着众多大大小小的岛屿，这是祖国的领土，是我们美好的家园。其中有一座长约600米、宽300米的小岛，叫赵述岛。岛上绿草如茵，最醒目的是那面迎风飘扬的五星红旗，而50多岁的“民兵夫妻岗哨”老吴夫妇就是这面红旗的护卫者。

从海南三沙市首府永兴岛往西北8海里就是西沙群岛七连屿的第三大岛——赵述岛。岛长约600米、宽300米，地势平坦，岛上绿荫丛丛，白沙环绕，一面鲜红的五星红旗飘扬在岛的入口处，十分醒目。

1981年的春天，17岁的吴忠灿第一次跟随父亲出海打鱼，在海上远望永兴岛，看到岛上那面飘扬的国旗，在大海里漂泊多日的父子俩心里顿时觉得踏实起来。当时的吴忠灿根本没有想到，20多年后，他会和妻子曹烈珠登上赵述岛，在那里升起一面五星红旗，并成为这面五星红旗的守护者。

他们像南海的抗风桐一样屹立在人迹罕至的岛礁上，是茫茫南海上最美最感人的民兵夫妻哨。在他们心中，岛就是国，这里的每一块礁石都代表着国家。

今年51岁的吴忠灿，老家在潭门镇草塘村，年轻时和当地村民一样跟随着父辈出海打鱼。

吴忠灿和曹烈珠是半路夫妻。他的前妻因病去世，2002年经人介绍和万泉镇的曹烈珠结婚。尽管当时吴忠灿为前妻治病已经负债累累，尽管他的嘴角长着一颗血管瘤，但曹烈珠并没嫌弃。当时吴忠灿的女儿21岁，儿子19岁，曹烈珠的女儿19岁。两人结合时孩子们都已经参加工作了。吴忠灿出海打鱼，曹烈珠在家里料理家务和照顾老人，夫妻俩感情很好，在村里是出了名的。

为了让家里生活更加宽裕，让年事已高的双亲生活得更加幸福，两人决定跟随村里的人继续出海打鱼。“作为渔民，我们有时候就像一条鱼，海才是我们讨生计的最好去处。”2006年的8月，吴忠灿带着妻子和村里人一同来到赵述岛，继续他们深耕南海的生活。刚上岛时，他们和岛上其他居民一样，每天都到海上打鱼，晚上回到岛上休息。岛上大部分居民都聚居在国旗附近，除了看电视就是一起打麻将，或是在岛上到处走走。后来，赵述岛村委会交给吴忠灿、曹烈珠夫妇一个特殊的任务——升国旗。

三截钢管，一截钓鱼竿，一条绳索，一个小转盘，赵述岛上的这根旗杆可谓简易至极。每周，吴忠灿和曹烈珠两人都要列好队，唱着国歌将国旗升起。“我们必须时刻确保这面国旗在岛上飘扬着，即使离岛回家期间，也要交代岛上其他人员照看好。”

“当我从连队领导那里接过国旗时，手里有一种沉重的感觉。”吴忠灿回忆起第一次升国旗的场景时非常激动。最早的旗杆是一根竹竿，夫妻俩将旗杆固定在岛上机房旁的大水桶里。

2013年的一场台风将这根竹竿吹断，吴忠灿跑到一个工地去找钢管。工地的负责人听说他是要钢管做旗杆，没有收钱。

钢管做的旗杆，插进两米深的地下，再灌上水泥夯实，从此就与赵述岛融为一体。2013年国庆节，超强台风“蝴蝶”袭岛，吴忠灿的房子被刮倒了，但旗杆依然屹立。

“每次唱国歌升国旗之后，我们两人浑身都充满了力量。”曹烈珠说起升国旗，嘴里不自觉地哼起了国歌。

细心的人都会注意一个细节，老吴夫妇守护的国旗什么时候都是崭新的红艳艳的。在老吴眼里，这里再小也是中国的领土，五星红旗是主权的象征。在附近的渔民眼里，这面国旗也成了海上航行船只的“导航旗”，渔民们白天出海靠这面旗帜判断方位。

“每到过年的时候，岛上的居民大部分都回到了潭门，但是岛上这时更需要人守护。”吴忠灿说，几乎每年过年的时候，岛上只剩七八个人，往常的热闹一扫而空。为了不让除夕之夜太过于冷清，留守在岛上的人一般都凑在一起过年。冬天台风多，他们留下守岛的主要任务是查看村民们的房屋，遇到台风做好防范，更重要的是每天还要查看海防设施，发现违法入侵领海的外国渔船及时报告。

“这座岛就是我们的家，况且，我们正在完成一项保卫‘祖宗海’的光荣任务。”说到今后的打算，吴忠灿和曹烈珠的想法一样，直到两人干不动了的那天，才回潭门老家。

岛上的艰辛，是常人无法想象的。2012年冬季，曹烈珠亲眼看见了全岛的房屋被龙卷风卷到空中，瞬间全岛被夷为平地的情景。上岛9年，吴忠灿亲历的台风等恶劣天气次数，他已记不清了。岛上居民的房屋是高脚屋，一遇到恶劣台风天气，就会将整个木屋全部刮走。

“那里的太阳太厉害了，如果不种树天气太热了。”每次回到潭门休息一段时间，吴忠灿夫妻的皮肤就会白一些，但是只要一回到岛上两三天，两人的皮肤就会立刻变得黝黑。所以吴忠灿夫妇在岛上，闲时最愿意做的一件事情就是种树。只要一有空，夫妻俩就会挑着水桶给他们种植的树苗浇水。

在岛上，吴忠灿夫妇每天清晨起来的第一件事情，就是做好出海的准备。作为海上民兵连指导员，吴忠灿每天在打鱼的过程中，还要肩负察看岛上及附近海面的情况，并向三沙警备区值班室报告。这项工作不管刮风还是下雨，每天都得进行。

“三沙人对西沙有着特殊的感情。”老吴两口子常常说，“这里是我们的‘祖宗海’，在外打鱼时，大家成群结伙出海，心里踏实。”

吴忠灿又说："在这里，岛就是国，这里的每一块礁石都代表着我们的国家。"曹烈珠也说："岛就是家，这里条件再艰苦也是我们夫妻俩的家。"

好人365 编辑感言

一面旗、一座岛、一对夫妻、一生坚守……吴忠灿、曹烈珠用行动诠释了对祖国的忠诚、对爱情的忠贞。他们是我们身边平凡的一员，却用自己微弱的力量感动了海南，感动了国人。飘扬在赵述岛上的五星红旗，带给我们温暖和感动，它像一座精神灯塔，给予我们力量与勇气。在广袤的南海，中国渔民用每一天的生产生活，默默地宣示着中国在南海的主权，彰显着深厚的家国情怀。五星红旗每天在南海的小岛上飘扬，凝聚着这对渔民夫妇最朴素的夫妻情、爱国志。（路　弘）

好人365 网友点赞

上海网友："民兵夫妻哨"，爱国情怀动天地、家园情结感人心。

一羽微澜：在祖国美丽的小岛上，有这样一对内心美丽的夫妇，他们是守护小岛的一道好人风景。

百姓『创可贴』

生命的意义在于付出，在于给予，而不在于接受，也不在于索取。

——巴　金

2014年9月4日，彭维平的人生永远定格在57岁。他身患绝症仍坚守岗位，35年忠诚奉献彰显人民警察本色，被誉为“警察实干家”。春雨润物细无声，他用一生传递人间大爱，用生命展示警察的风采！

他，是一个兢兢业业、埋头苦干的实干家——领导这样评价。

他，是大家的“贴心人”，率先垂范、和蔼可亲，更是知心朋友——同事们这样评价。

他，没有一点儿架子，热情服务，办事公道——群众这样评价。

他就是彭维平，生前曾任甘肃省永昌县公安局政委、金昌市公安局副调研员。1979年，年仅22岁的他带着青春的朝气和满腔的热忱成为了一名光荣的人民警察，迈出了他实现人生理想的第一步。从永昌县公安局刑警大队侦查员、指导员到县局副局长，再到县局政委，无论是作为普通民警，还是在领导岗位，彭维平始终用坚守和奉献走过一路风雨，用责任和信念诠释着一名共产党员和人民警察的本色。

2010年，彭维平被检查出肺癌，但绝症没有将他击倒，在化疗的四年多岁月里，他依然怀着勤奋敬业、朴实厚重的执着追求，秉着坚韧不拔、乐观向上的人格操守，挺立着他那不知疲倦的身躯，以对警察职业的忠诚精神，始终坚守在工作岗位上，抒写着为公安事业不懈奋斗的人生华章。

2014年9月4日是个沉重的日子。在公安战线上奋战了35个春秋的彭维平因肺癌医治无效不幸去世。彭维平走了，他的人生永远定格在了57岁的这一天。而他的不凡业绩和敬业精神，党和人民永远不会忘记。

年迈的陆老师时常回忆起自己的执教岁月，40多年的教师生涯，带过多少个学生她自己也数不清了，然而彭维平是她认为教过的最出色的一名学生，“品学兼优用在彭维平身上恰如其分”，这是陆老师对彭维平最中肯的一句评语。几年前听说从不吸烟的彭维平患了肺癌，陆老师心里非常难受，她怎么也不愿相信，病魔会降临到这个年富力强、不是亲人却胜似亲人的人身上。

即使是在化疗的日子里，彭维平也没有忘记这位老师，时常打个电话问候一下，逢年过节依然上门拜望。提及他的病情，他也总是轻描淡写，一笑而过，反倒对陆老师热情地嘘寒问暖。此情此景，一个曾经风华正茂的老师虽已白发苍苍但身体还算硬朗，一个曾经意气风发的少年虽值壮年却已重病缠身，喜庆的节日气氛难掩内心的煎熬和悲痛，师生相顾无言。“维平啊，你要照顾好自己啊！”彭维平病重期间，面对面容憔悴日渐消瘦的学生，陆老师哽咽得说不出话来……

严永江是彭维平的老战友，不幸于1998年在工作中突发脑溢血，丧失行动能力和语言功能。如今的严永江能够认得的除了家人就只有彭维平了，每次见到老彭他都异常兴奋，用只有他自己懂得的语言和这位老大哥打招呼。在严永江患病瘫痪的16年里，彭维平只要稍有空闲，就会到他家里看看，和他聊聊天，帮助他恢复健康，还为他的高额医药费多方奔走寻求解决途径。2010年，为了帮助严永江办理评残手续，彭维平和严永江及其家属多次到金昌、兰州等多家医院做检查，每次检查彭维平都又是抬担架，又是搀扶，不知情的人都以为他是患者的亲哥哥。在去兰州检查的途中，因车辆颠簸，严永江剧烈呕吐，吐了坐在身边的彭维平一身，但彭维平毫无怨言，笑呵呵地一边开玩笑，一边帮严永江擦拭秽物，严永江的妻子赵菊香被感动得泣不成声。只要一谈到彭维平，赵菊香就禁不住泪流满面，不住念叨：“彭政委是好人哪！好人！”

“有一年所里一位民警的孩子不小心摔伤了脚，大人都没放在心上，可彭局长自己出钱买上慰问品去看望了孩子，类似这样的事彭局长经常做。”原河西堡派出所民警讲述了当时彭维平任副局长兼河西堡派出所所长时关心同事的深刻印象，“更加难能可贵的是，多年前，彭局长曾荣立了个人三等功，那时候奖金只有600元，彭局长拿出这600元，又自己垫了500元，给所里的民警每人买了一床凉席。那时候彭局长家在永昌县城，无论加班到多晚，他始终带领大家一块儿工作。周末从河西堡回城里，他从来没有用过单位的车，而是自己坐班车。”

“彭政委干任何工作都亲力亲为、带头吃苦的精神让我们很钦佩。记得2003年初春时节，天气还很冷，他带领我们到陇东某地侦办缉毒案件。当晚我们乘坐一辆面包车隐蔽在郊外，等待毒贩出现。为防止惊扰毒贩，车辆不能发动，车内异常寒冷，大家饥寒交加。作为局领导的彭政委始终和我们侦察员战斗在一起，一刻也没有放松，更没有搞一点儿领导的特殊。而且每次搞案子，无论条件多艰苦，他都是身先士卒，善始善终。”原永昌县公安局禁毒大队民警这样谈起他们的老领导、老政委。

“马科长，我最近在云南治病，今年的党费还没交，麻烦你一定代我交上啊！”这是彭维平与金昌市公安局政治部民警通话时的嘱托，同样的言语在永昌县公安局禁毒大队民警口里也曾谈起。“彭政委的心中似乎只有工作，只有他人，唯独没有他自己。就在他身患重病的这几年，他除了去外地化疗，总会出现在办公室、会议室以及各种工作场合，除了警服，平时穿着仍是那么朴素，话语仍是那么亲切，对工作仍是那么认真细致。有时夜深了，原本以为他回家休息了，有紧急文件材料我都不忍心拿去打扰他，可谁知他仍在办公室。”一位民警说。民警们还讲述了彭政委为了破获一起跨省团伙特大贩毒案件，对一名采取强制措施的团伙骨干成员在其思想激烈斗争、身体不适时，进行悉心照料、真诚感化，甚至亲自为他端洗脚水，最终使毒贩心灵受到震撼，全盘供认……讲到动情之处，大家几度哽咽抽泣、潸然泪下。

在彭维平眼里，从来没有自己的事，只有公家的事，只有别人的事；他总是将困难和责任留给自己，却将鲜花和荣誉让给别人。他个子不高，但身影伟岸；他所为平凡，但朴实厚重。他时常说：“选择了公安事业，就选择了付出和辛苦。荣誉和成绩都是大家的，我只是做了自己分内的事。”

彭维平从警30多年，足迹踏遍了永昌的山山水水，对全县每一个村社、每一家企业都非常熟悉，是一名十分擅长做群众工作的行家里手，也是永昌县很多父老乡亲心目中的好警察、好干部。

“记得20世纪80年代初，民警的交通工具刚刚由自行车换成三轮摩托车，老彭大冬天骑着摩托车到我们村上，而且车子经常出故障，有时不得不推上很远的路程，现在想起来他吃了很多苦啊！他带着民警到我们村上搞案子，一住就是十天半月，遇到大些的案子住上两三个月也是常有的事。那时候群众心目中的公安干警多少有些霸气，可是他身上没有丝毫的霸气，更多的是和气！”这是20世纪80年代任永昌县水源镇北地村党支部书记的一位老人谈起的。

“记得1996年，彭维平作为县委派驻到我们村的社教运动工作组组长，差不多一年的时间都在村里。他挨家挨户做群众工作，吃住都在老百姓家里，不管物质条件多差，他从没有嫌弃和怨言，和群众真正打成了一片，帮着我们村解决了好多遗留多年的治安问题和土地、

宅基地等邻里纠纷。当时村里有四家濒临倒闭的村办企业，在老彭深入细致的调查、统计、协调下，理清了账目和资产，或者进行拍卖，或者宣告破产，最终都在老彭的主持下做了妥善处理。有次老彭去镇上开会不小心扭伤了脚，肿得没法走路，我找人给他做了一双特大号的布鞋，他就这样瘸着脚继续干工作。看他为工作的这股拼劲儿，我特意安排村里煮了一只鸡给他补补身体，谁知他就喝了几口鸡汤，把肉都让给工作组的其他同志了。当时我还不理解，觉着这个人不近人情，枉费别人的一番好意，但是在日后的工作中，逐渐了解了他的为人，他是群众心中的好干部！”说到这里老人不禁有些动情。

在彭维平病重的这几年里，多次辗转外地治疗，默默陪护他的只有已经退休的妻子张瑾兰，张大姐的身体也因过度劳累而很是虚弱。彭维平从没有向组织上提出过任何需要特殊照顾的要求，连组织上对他正常的慰问、帮扶也是再三推让。各方亲友也都想去看望慰问他，却被彭维平夫妇婉言拒绝了。他们深知这是组织和大家的一番好意，但他们用自己的另一番好意谢绝了，看似无情，彰显的却是彭维平夫妇多年来一心为公、从不利己的高尚情怀。

好人365 编辑感言

人的一生，可以选择闪耀如一颗流星，也可以选择黯淡如一片黑影；可以选择如太阳般发光发热，也可以选择如月亮般清冷寂寥。究竟什么才能让我们的人生充满意义？彭维平的回答里只有“事业”两个字。正是心怀事业，才让他始终有着不竭的动力，告诉我们只有用脚踏实地的作风和只争朝夕的精神，才能完成好国家和人民赋予我们的神圣使命。（刘鲲鹏）

好人365 网友点赞

四川网友：身患癌症同样坚守“为人民服务”的信念，民警彭维平用他的行动为我们诠释了一个公职人员“为人民服务”的奉献精神。

宁夏网友：从警一生，奉献一生。为这样的好警察点赞！

写邮件　草稿箱　已发送

收件人　haoren365@wenming.cn

主　题　心语

正　文

发　送

中国文明网
www.wenming.cn

『桃老师』赵逸人

为了中华民族的繁荣富强，我要献出全部学识智慧。

——钱伟长

大大的蜜桃香又甜，“桃老师”心血来浇灌。种桃专家赵逸人，凭着敬业奉献的广博胸怀和刻苦钻研的过硬技术，向广大农民朋友传授知识，用汗水和心血浇灌出一个个科研成果，成就了甜蜜幸福的美好事业。

她是一位特殊的“老师”，有着近万名渴望科学致富的农民“学生”；她心系绿野，扎根桃乡30多年，用自己的汗水和智慧浇灌出一个个科研成果，提高了桃农的科学种植水平，铺就了桃农的致富路。她就是被果农们亲切地称作致富路上“贴心人”的赵逸人。

赵逸人大学本科毕业后即投身农科事业，一干就是30多年。她热爱农村、关心农民，把智慧和汗水都挥洒在桃树科学研究和技术推广的工作中，满腔热情地为果农服务。

在江苏省无锡市惠山区阳山镇这个闻名遐迩的水蜜桃之乡，赵逸人不仅是一个“名人”，还是一个“忙人”，更是广大桃农最信得过的“能人”。谁家的桃树有毛病，哪户种植技术还不过硬，赵逸人都清楚；而谁家桃树有了毛病，哪户桃农在种植技术上碰到了难题，他们的第一反应也是找赵逸人求助，只要找到赵逸人，就一定能得到满意的答案。

2013年夏天，冬青村一户桃农突然发现自家的桃树发生病害，他立即打电话向赵逸人求援。赵逸人二话没说，当即顶着烈日赶到桃园，现场“把脉开方”。年过六旬的赵逸人在茂密的桃树林里穿梭忙碌着，豆大的汗珠从额头滑落下来，却顾不得擦一擦，只为救治那承载着桃农一年辛勤劳作希望的桃树。

多年来，赵逸人的手机成了桃农求助的“农科110”，这种现场救急的场景在阳山镇桃农眼里早已习以为常了。救急如救火。遇到情况紧急的，她总是尽自己的最大努力，在第一时间赶赴现场，为那些求助的桃农及时排忧解难。由于赵逸人技术水平高、服务态度好，就连张家港、武进等地的桃农也常慕名打电话请教。每逢佳节，她的手机总会收到来自桃农的数百条祝福短信。

曾经在很长一段时间里，阳山的水蜜桃出现的口感较差、生熟不均、裂果等现象一直困扰着桃农。问题出在哪里？赵逸人协同邀请的中科院南京土壤研究所的专家走进桃园，实地“会诊”100多个点的桃树以及土壤，终于发现是由于酸雨以及桃农长期不合理的施肥习惯，使阳山当地土壤平均pH值与水蜜桃正常生长所需的最佳pH值相去甚远。于是，以赵逸人为首的专家组立即开出了控制氮、磷、钾等肥料使用总量，增施有机钙粉等“补钙”药方。虽然“补钙”后每亩增加了300元生产成本，但由于水蜜桃产量、外观和肉质口感都得到改善，2009年桃农每亩均增收1000多元。与此同时，阳山桃农协会还与江苏省农科院等科研机构合作，设立水蜜桃工作站和产学研基地，成立科研组，赵逸人任科研组长，共同建设了250亩精品示范园；并建立了以区、镇、村三级技术人员、种桃示范户为骨干的技术推广服务体系。为了改良阳山水蜜桃品种，延长供应期，赵逸人和站里的同事们在对老品种提存复壮、科学改造的同时，还从山东、浙江、上海等地引进新品种。

1991年，因工作出色，赵逸人被调到当时的无锡县农村多种行业经营管理局工作。4月的一个星期天，大路头村上沿村民戚菊悠来到赵逸人家，含着眼泪说水蜜桃上有小虫吃小桃，桃子要遭受虫灾，赵逸人立即赶往田里查看情况，果真如此。

打农药吧怕落果，怎么办呢？回到家中的赵逸人茶饭不思，查阅相关资料，一时间竟毫无办法。第二天赵逸人回到县里上班，正苦思冥想时，恰好收发室送来报纸，她顿时来了灵感，拿报纸包上不就没虫子咬了吗？她就此大胆地设想——给果子套袋。等到下班时，她迫不及待地来到大路头村，教桃农套袋。果然，当年桃子获得丰收，桃农得到了很好的收益。1992年，套袋技术在全镇推广，水蜜桃获得了全面增产增收。当时，赵逸人深感自己的事业在农村，于是再三要求回到了她感兴趣的田野、她深爱的土地和朴实的桃农中间，又干起了甜蜜的事业。

为了让更多的桃农掌握科学种植的知识，以获取更多的经济效益，赵逸人想到了农技简报。于是，她把自己的种桃知识和经验毫

无保留地写到了农技简报上。这简报顿时成了广大桃农科学种桃的“指南”和“法宝”，一时间供不应求，印数也是一增再增，每期发行数由一开始的2000份增加到现在的13500份。赵逸人还把培训课堂搬到桃树田里，手把手示范，面对面辅导，受到了广大桃农的一致称赞。

面对许多桃农对人工授粉新技术的疑虑，她连续多年一个村一个村地挨家挨户上门讲解，手把手为桃农做示范，用实实在在的成效打消了他们的疑虑。刚开始推广点花授粉技术的时候，桃农很是嫌烦，认为一棵树上有成百上千朵桃花，一朵一朵地点简直是不可能完成的事。但是赵逸人没有气馁，她积极督促耐心辅导。当时，阳山桃农陈正贤家里的两亩地种的都是“阳山2号”桃品种，赵逸人就在每年花期时通知老陈授粉，头两年老陈家还不乐意，第三年，赵逸人亲自下地，主动帮老陈家进行点花授粉，还教他们怎样采花苞，注意烘花粉的温度等点花的技巧。其他桃农听说她现场教学，纷纷从各个地方赶过来学习。家在杨市镇的老徐听了以后，忐忑不安地对赵逸人说：“赵老师，我文化水平低，回家自己操作的话心里没底，你能不能和我一起回去再教教我啊？”赵逸人听了二话没说，骑了半个多小时的自行车，一路从阳山骑到了杨市镇的唐村，再次投入到推广教学当中。当年老徐家的桃子就获得了大丰收，当年阳山林业管理区“阳山2号”等水蜜桃品种坐果率上升了2.5倍，产量比往年提升了1.7倍。在赵逸人的指导下，许多桃农成为了桃树栽培和修剪的能手，成为了阳山水蜜桃产业化发展的重要力量，并靠水蜜桃走上了致富路。

予人玫瑰，手有余香。面对荣誉和鲜花，面对桃农们的赞美，赵逸人觉得自己也从中得到了收获。她说：“我很荣幸参与、见证了阳山水蜜桃的发展，感谢脚下这片沃土让我的人生收获了沉甸甸的果实。”30多年，弹指之间，赵逸人青丝变白发，在付出辛劳的同时，也获得了全国科协先进工作者、江苏省劳动模范、惠山区科技创新创业人才奖等殊荣。

好人365 编辑感言

有一种精神是执着。赵逸人始终为心爱的事业奉献着，以执着之美，精心培育“世上最美味的桃子”。她的执着还在于对家乡父老乡亲的付出，年复一年，青丝变白发，年逾六旬的赵逸人依旧奔波在田间地头，手把手教导着一群渴望致富的农民学生，使阳山水蜜桃真正富了一方百姓。这种朴实无华的境界与情怀，正是我们这个时代发展不可或缺的精神力量。（彭　鹍）

好人365 网友点赞

广东网友：扎根桃乡，只为百姓。赞！

安徽网友：变的是人的容貌，不变的是一颗全心全意为桃农服务的、执着的、热情的心。

江苏网友："坚持就是胜利"用在"赵老师"身上正合适。她用她的智慧带领农民们走向了成功的道路！

写邮件 草稿箱 已发送

收件人 haoren365@wenming.cn

主　题 心语

正　文

发　送

中国文明网
www.wenming.cn

用生命编撰的『藏宝图』

春蚕到死丝方尽，人至期颐亦不休。一息尚存须努力，留作青年好范畴。

——吴玉章

老骥伏枥，志在千里；烈士暮年，壮心不已。红军的儿子杨衍忠，退休后以抱病之躯，耗时20年写出了600万字科学巨著，献给国家，却甘守清贫直至生命最后一刻。他给国家留下了一座金矿，却没有给自己的儿女留下什么财产。

2014年7月15日，由中国地质调查局有关领导和专家组成的调研组专程赶到南昌，面对堆积如山的《江西南部地质、物化探找矿》文稿，调研组成员被深深地震撼了。若非亲眼所见，人们很难相信，这部字迹工整的文稿洋洋洒洒600万字，加上可与印刷媲美的数百张手工绘图，竟出自一位年逾古稀的老人之手。

经过专家审定，这是一部完整的地质查证报告，首次相对系统地对赣南地区全部18个县中比例尺航磁、土壤、重砂、水系沉积物等异常进行了梳理，圈定出各类异常2400余处，并建卡归档约3000处，填补了赣南地区多项物化探异常汇集编录空白，为地质找矿提供了丰富的信息……在人们湿润的眼眸中，老人踽踽独行的背影变得清晰而高大。江西地质史册上，从此镌刻下了“杨衍忠”三个字！

“我身体很不理想，我拟编的江西南部地质矿产（3稿）9套卡片、登记表已基本完成。我要将这600万字、几百张图无偿献给大队、献给国家、献给党。估计可提供几百处找矿信息，这次可能是我为地矿事业奉献的最后力量！”

2014年5月15日，在赣州市肺科医院重症监护室里，被病魔折磨得体重只剩37公斤的杨衍忠老人用颤抖的手，吃力地给江西赣南地质调查大队领导写下一张笔迹模糊的字条。

2014年5月16日，收到老人字条的大队长郑继忠带着工会的同志来到医院慰问。来人一走，老人长舒一口气：“这下我没有遗憾啦！”四天后，老人溘然长逝，享年77岁。

那张字条，成为了老人唯一的遗嘱。

2014年6月5日，赣南地质调查大队举行简朴、隆重的捐赠仪式。一张七八米长的长条桌上，堆满了一摞摞文稿、一卷卷图纸。这是杨衍忠参加工作50多年来积累的资料，近3000万字。其中最精华的部分，就是长达600万字的《江西南部地质、物化探找矿》文稿，字数相当于8部《红楼梦》。这套文稿是杨衍忠退休之后，运用自己的专业知识和长期从事野外地质工作的实践经验，综合分析各类信息，历时20年编撰完成的。

“我们20个人曾经用了8年时间，完成了400万字的地质文稿，而杨老却以病残之躯，20年独立完成了600万字的文稿，这其中还不包括科研的工作量！”江西省地矿局的一位高级工程师说。

在浩博的文稿面前，人们震惊、兴奋而感动，同时又似乎有些疑惑不解。在老人弱小的身躯里，究竟蕴含着怎样的“精神富矿”？

从18岁进入地质系统从事野外物化探工作，到1994年因病退休，伴随杨衍忠近40年历程的，是赣鄱大地上的崇山峻岭和激流险滩。

杨衍忠不会忘记，在白色恐怖时期，是乡亲们冒死营救身为红军干部的母亲，为他一家提供栖身之地；他同样不会忘记，是新中国的阳光，指引他走进了校门，继而畅游在地质科学的知识海洋。受苏区文化的熏陶和家人的耳濡目染，红色情怀自始至终伴随了他一生。

杨衍忠身体一直不好，慢性肺气肿、哮喘病、胃病、痔疮数十年如影随形。可在工作上，他却是出了名的“拼命三郎”。

他的同事唐俊说："早年我们在野外物探时，常常从早上5点出发，到晚上9点才背着几十个矿样回到营地，可老杨总是顾不得休息，还要及时收集当地的地质、物探、水文、矿产等方面的资料加以分析、整理，有时候因为痔疮严重导致大量出血，他就穿上妻子用棉布做的五六层的'尿布'坚持工作，其毅力难以想象！"

信手翻开杨衍忠的日记，饱含着在那激情燃烧的岁月里，一个"找矿者"的赤子之心和浪漫情怀：

——地质工作是一项光荣的工作，亦是艰巨的工作，长年累月在深山沟生活，是艰苦一些，但我们是国家培养出来的专门人才，地质工作再苦，我们亦应当干到底，而且应当尽力干好。

——一定要吃得苦，要艰苦些，再艰苦些，这里没有矿，到别处找。我们就是这样工作的，就是我们天天搬家，如果能为人民找到矿，就值得。否则，我们的生活舒服一点儿，但没有找到矿，也是不愉快的！

——去和高山峡谷做伴，去和那大自然作战，荒山荒村无有路，吃穿困难少人烟，高山挡不住鸟儿飞，困难挡不住地质兵。

从退休的第一天起，杨衍忠几乎断绝了所有的社交与应酬，全身心地投入到文稿的编撰之中，一写就是20年。由于不想给队里添任何麻烦，他从不声张，保守“秘密”，除了每月和妻子一起去一里外的医院开药，杨衍忠几乎不出门。坐累了，他就在屋里走走，甩甩写酸的手。

到2012年，杨衍忠的身体已经透支到了极点，特别是肺气肿，让他彻夜难眠。“他身体一直不好，每天都要吃八九种药片。如果他能多点儿时间去搞搞锻炼，或者多休息一下，也许不会走这么早、这么快。可是，他总是太忙了，总是没有时间。”妻子说。

在赣南地质大队会议室里，杨衍忠生前所写的文稿、绘的图纸整齐地放置在办公桌上。20年来，杨衍忠凭着顽强的意志，以每年撰写30万字的速度与时间和生命“赛跑”，完成了全部初稿，用去了3000多张卡片纸、1000多支水笔和彩笔。

赣南被称为“稀土王国”和“世界钨都”，矿产资源丰富，开发一个新矿址就能赚个盆满钵满。因为“肚里有货”，杨衍忠被很多人盯上了，不少矿老板找他，找他的儿女，希望搭上关系，求个指点，甚至开出50万元年薪聘请他做“投资顾问”，但都被他婉言拒绝。杨衍忠说：“我整理的这些资料有大量的找矿线索，一定要交给国家！”

杨衍忠一家的生活，始终在温饱线上徘徊。尤其是三年前，他的三儿媳患上重病后更是每况愈下，全家人连凑带借花费数十万元，至今还欠债十多万元。曾有好心人劝他：“你真是守着金矿找银子，随便卖点儿资料给矿老板就什么都有了。”他连声答道：“要不得！要不得！”

对于饮食，杨衍忠从不讲究。儿子说：“父亲的一日三餐经常以馒头、包子、红薯等为主。为了强迫自己吃东西以增强体力，他常常在饭菜中加不少的醋或酱油。”杨衍忠曾连续8年没有添置过一件新衣服，一件棉大衣穿了20多年，袖子破了还不肯换，一直伴随了他退休后的很多个寒冬。住院期间，杨衍忠甚至多次提出：“我的身体情况我清楚，能给国家省点儿钱就省点儿钱，不该打的针就不要打。”

其实，直到住进重症监护病房，家人才知道，他的病情已经到了特别严重的程度，肺、肝、肾、胃没有一样是好的，肝硬化的肿块都突出来了，手就能摸到。女儿感慨，难怪父亲这几年都不愿去做单位安排的体检，只是开些药回来。因为他担心，万一体检检查出什么来，肯定要在医院折腾好久，不仅要花好多钱，还会影响编撰文稿。

一件棉大衣可以穿20多年，饮食总是买馒头蘸酱油吃，不该打的针就不要打……这就是平常生活中的杨衍忠，吃得简单、穿得简单，守着“金矿”却过着清贫的日子。他为国家留下了一座“富矿”，却没有为自己的儿女留下一点儿财产。

杨衍忠的女儿说，父亲走时，全家人为他披上了他最看重的党旗，因为家人知道，父亲为了党的事业奉献了自己的一生，他当之无愧！

“刳肝以为纸，沥血以书辞。”从杨衍忠的生命蜡烛燃烧至最后一刻起，他已然点亮了无悔奉献精神的长明灯！

好人365 编辑感言

老骥伏枥，志在千里；烈士暮年，壮心不已。杨衍忠的事迹，展现了鞠躬尽瘁、死而后已的精神境界，体现了一个共产党人的崇高理想与坚定信念。杨衍忠的“志”，是建立在为国家奉献的基础上，立的是大志；他的“情”，与国家的事业息息相关，所以就有了20年600余万字的《江西南部地质、物化探找矿》文稿。其敬业奉献的品德，如芝兰、如蕙芷，值得所有人学习。（王　楠）

好人365 网友点赞

河南网友：鞠躬尽瘁，死而后已，杨教授将自己的生命燃烧到最后一刻，为后人照亮了前进的道路，这是真正的奉献精神和爱国情怀！

宁夏网友：生命不息，奋斗不止，杨老先生热爱祖国，忘我工作的精神值得我们学习和传扬！

写邮件　草稿箱　已发送

收件人　haoren365@wenming.cn

主　题　心语

正　文

发　送

中国文明网
www.wenming.cn

空中『女蜘蛛侠』

脚跟立定以后，你必须拿你的力量和技能，自己奋斗。

——［爱尔兰］萧伯纳

不爱红装爱工装，巾帼英雄胜须眉。在高速铁路的腾空电网上，居然有一个“80后”女孩儿在上演“高空走钢丝”，好似空中“蜘蛛侠”，使许多人看了瞠目结舌！

在我国西南的云南省，一条条纵横分布的铁路电气化网络交叉在高低起伏的群山之间。当列车通过铁路接触网提供的电流飞速前进时，人们很难想象有一个女孩儿常年“飞舞”在 6 米多高的接触网上，用勇气、智慧和汗水在保障着大家的安全出行。这个女孩儿就是“80后”女大学毕业生张艳华，昆明铁路局供电段唯一一名女接触网工。她能仅用10秒爬上6米高的塔杆，在12毫米粗的高压线上身手敏捷，行走如风。

接触网工，在铁路行业被称作“空中蜘蛛侠”。列车的电力全靠接触网输送。在直径12毫米的高压线上作业，即使不干活儿，都会有很大的晃动，需要极好的体能以及能克服恐高的心理素质。张艳华每天坚持练习走网，训练体能。吊弦是稳定接触网的一个重要零件，列车经过后吊弦出现异常必须马上更换，而吊弦的长度要根据现场的情况进行调整，除了长期积累的经验，更需要体力。张艳华却能在2分钟之内做好一副吊弦；而每剪一次铁线，差不多需要提起70公斤重物的力量，张艳华却能在1分钟内剪断40次，这样的速度，男同事完成起来也很困难。

六年来，张艳华在高空作业的时间接近2000小时，爬过的塔杆有5800多根，走网超过600公里。因工作性质特殊，工作业绩突出，她也成了昆明铁路局赫赫有名的“女蜘蛛侠”。

张艳华来自河南省周口市，从小在农村长大，家中有五个兄弟姐妹，她排行老二，很小的时候就下地干活儿了。与同龄人相比，在她的身上少了几分娇气，多了几分成熟与稳重。刚上大学，张艳华就对接触网工这一特殊职业充满了好奇，进入到郑州铁路职业技术学院的张艳华毅然决然选择了这一特殊专业，并努力攻读。“做一名接触网工，不仅可以提高我的专业水平，将我的专业知识运用到工作中，也有利于我个人工作能力的提升。总有一天，我也能像男同事一样在这‘五线谱’上干出一番成绩来。”刚毕业的张艳华对接触网工如“空中飞人”般的生活心驰神往。

2009年8月至2010年4月，张艳华和其他新来的大学生一起参加单位组织的接触网岗位全封闭培训，也就是被大家称为“飞虎队”特训队的接触网工职业培训。烈日下，顶着骄阳，站军姿、练队列，熟悉接触网零部件，剪铁线、做吊弦，还得在6米多高的接触网支柱上练习走网。她说：“我永远也忘不了自己第一次爬上接触网支柱的情形。面对高高的电杆，尽管有安全措施，但我还是非常害怕，那么高万一摔下来怎么办？是教练员的鼓励让我放下了心理包袱，我在恐惧中慢慢走向支柱，双手紧紧抱着电杆，一步两步，慢慢向上爬，边爬还边大声尖叫，引得下面的同事大笑。当我下到地面的时候，才发现全身被汗水浸透了。”

张艳华一次又一次克服心理压力，一次又一次参加训练，日复一日，千万次训练使她的动作娴熟程度不逊于任何一名男同事。

要想成为一名合格的接触网工，仅克服恐高心理是远远不够的，更需要有过硬的手上功夫。看似简单的制作接触网吊弦，就让这个不服输的女孩儿吃尽了苦头。剪铁线需要的力量非常大，第一次剪铁线，她怎么也剪不断。师傅教授方法后，她还是剪不断，一连三天，她咬着牙练习，一遍又一遍，一个动作重复练习了上千次，手掌磨出了一个个血泡，终于，在第三天，她剪断了第一根铁线。

“我经常梦到自己就像一只美丽的蝴蝶，在接触网上快乐地飞飞停停。练好本领，那样我就能和男同事一样了。”带着这样的梦想，张艳华顽强面对着工作中的一个个困难和挑战。

时间一天天过去，张艳华在一天天成长，长达9个月的全封闭训练让这个对接触网一无所知的女职工练就了一身好本领：1分钟剪断铁线40次，2分钟制作一副吊弦，爬电杆上下一次30秒……她用骄人的成绩刷新了接触网专业的一个个数字和纪录。

“她就是个超人。工作中她的技术比男人还强，参加工作这么多年来，她是我最佩服的女职工。”每谈及工作时，男同事小强总以和张艳华共事为荣。

第一天正式上班，张艳华就让大伙儿大开眼界。她飞快地爬上作业车，和三名男同事一起对接触网设备进行检修。当天的作业是更换接触网吊弦，她麻利地拆旧换新，动作十分熟练，丝毫看不出是第一次参加现场作业，这让其他男同事啧啧称奇，也让工长和技术员对她刮目相看。可谁也不知道，其实这一天张艳华自己也经历了激烈的思想斗争。“身体怎么这么不争气，实战第一天就肚子胀，小腹酸疼，全身乏力，算了吧，我还是去请请假。”她这样想，心里另一个声音

却说："不行，我不能让男同事看不起，我要做得和他们一样好，不能让他们看我笑话！"就这样，坚定了自信心的张艳华咬着牙进行了上网作业。

对于一个女职工而言，除了高强度的训练，还得不断克服生理期出现的各种身体不适。可不论风吹日晒，张艳华从未说过一个"不"字。"接触网工是一个高强度的工作，如果我不去，小组里七个人的活儿就只有六个队友做，会给他们增加很大负担，我不能拖后腿。"每当想要退缩时，朴实的张艳华总是这样告诫自己。也正是这份坚持和拼搏，让张艳华一次又一次突破自己的极限，创造了一个又一个让男同事们惊叹的成绩。

有个女网工具备高超作业水平的消息迅速传遍了整个单位，大家开始纷纷议论。有质疑的："一个女孩子，放着轻松的岗位不干，非要上接触网干活儿？”有同情的：“小姑娘干这活儿，太不容易了！”也有称赞的：“太了不起了，谁说女子不如男啊！”面对这些声音，张艳华再次用行动和成绩诠释了她的选择。

起初，张艳华的父母不知道女儿在做什么工作，也很担心她的安全。有一次电视台播出了采访女儿的视频，张艳华的妈妈抱着女儿哭着说：“那么危险的工作，咱不干了，回家里来也饿不着！”但是张艳华说：“既然选择了这份工作，我就一定要在这里干出成就！妈妈你放心吧！我选择的路，我一定要走下去！”在酸楚的背后，张艳华坚持着事业和梦想，她说：“我很享受每天挑战自己的成就感，我也相信爸爸妈妈会支持我的！”

20多岁的女孩儿，正是最爱美的年龄，张艳华也爱美。但是长年高空作业，她原本白皙的皮肤被晒黑了，高跟鞋、化妆品、裙子这些女孩儿喜欢的东西，成了她心中的奢望。然而当她稍加装扮时，也能让所有人眼前一亮。

在单位组织的联谊活动中，张艳华认识了一个成熟、上进的男孩儿，也找到了属于自己的美好感情。她说：“我喜欢上进、踏实的男孩儿，平平淡淡的感情才是真。两人相处要互相理解，互相包容。”现在张艳华已经成家，丈夫也是一位接触网工，他们在岗位上认识，一起奋斗、一起努力，也在这一条条网线上摩擦出了爱情的火花。六年下来，张艳华用自己的勇敢和坚毅诠释了爱岗敬业的精神，也收获了自己的幸福。

编辑感言

这是一位身手不凡的劳动者。“80后”姑娘用坚持和执着，用日复一日的艰苦训练，练就了扎实的基本功和过硬的专业本领。她一次次用行动和成绩诠释了自己的选择，也证实了平凡岗位的不凡梦想。她的成长犹如化茧成蝶，虽艰辛却让人由衷敬佩。她在平凡岗位上用汗水诠释着劳动之美，传递着劳动最美的正能量，也启发我们，在人生的“铁路”上，付出辛勤汗水方能实现人生价值。（张青玲）

网友点赞

陕西网友：巾帼不让须眉，用汗水诠释劳动之美。

雅婷：高空作业的女工，敬业精神值得敬佩，请您一定注意安全！

上海网友：劳动最美！身怀绝技、身手不凡，为张艳华的奉献精神点赞！

民警大妈的调解『秘籍』

人生在世是短暂的，对这短暂的人生，我们最好的报答就是工作。

——［美］爱迪生

“一声陈大妈，万户真情夸。”这位民警大妈名叫陈静，在基层派出所做调解工作，8年多来上万件的各种纠纷，99.7%在她手中调解成功。她耐心处理着法律难处理、公安推不掉、百姓又需要的各种琐碎麻烦的生活纠纷，让自己的爱心升华为雨露滋润人间。

她没有靓丽的外表，有的是阳光般的笑容，让每个见过她的人心里暖暖的；她没有破获惊天大案的丰功伟绩，有的只是处理矛盾纠纷的琐碎点滴，让各种家长里短、事故纷争、恩怨情仇通通化作了“绕指柔”。她有一个亲切的昵称——民警大妈，“法律难处理、公安推不掉、百姓又需要”的民间纠纷在她手中总能圆满化解。她叫陈静，是江苏省常州市武进区公安局新城派出所的女民警。

绝大多数被调解对象并不知道，这个整天乐呵呵的“陈大妈”其实过得并不轻松：自己患脑垂体瘤10多年，一直靠药物维持生命；特别是丈夫因患恶性淋巴瘤过早去世，留下的近百万元的债务官司，让她痛苦不堪。最后法官成功调解了这起纠纷，让陈静松了一口气，同时也感受到了调解工作的重要性，更感受到作为一名党员、人民警察，在维护社会稳定、调解社会矛盾中所肩负的重任。

为了做好调解工作，陈静经常利用休息时间钻研《民事诉讼法》《中华人民共和国民法通则》，将法律作为调解工作的依据，并综合运用倾听、共情等心理疏导技巧，逐渐总结出一套特有的“调解秘籍”。

一段剪不断、理还乱的纠纷，当事人双方常常碍于面子，死扛硬顶，这中间往往缺少“和事佬”，有时陈静一句话就让双方偃旗息鼓。一年冬天，陈静接警后来到现场。这是一栋老旧的居民楼，楼道里，84岁的老太太裹着被子在寒风中瑟瑟发抖；而正对楼道的门口，一名中年妇女右手拿着一把菜刀横在胸前，还一边声嘶力竭地哭喊："要让她回家，我就死！"陈静一看，语气温和地只对老人的儿媳妇说了一句："干吗，想当烈士啊？"一下子，双方紧绷的神经被这一句半开玩笑的话缓和了下来。"笑出来了，事情就好办多啦！"陈静的脸上笑意也更舒展了。经过深入了解，婆媳间矛盾因家庭琐事引起，陈静进一步调解，儿媳主动把婆婆领进了家门。

陈静说，调解是平衡的艺术。"一碗水端平"是老百姓对平等、公正最朴素的要求。

面对一些纠纷，陈静还会扮演公正、理性的"老娘舅"角色。有一次，一场打架斗殴，看似打人的吴某不占理，但背后是因为朋友欠了96万元不还。陈静透过打人者的暴力、歇斯底里，看到了他的无助与无奈。"手都撞出血了，我帮你包扎一下吧！"轻轻一声关怀，

让当事人的心顿时温暖起来。随后，她帮助吴某和朋友冰释前嫌，共同讨回了三角债。此后，吴某一直说，多亏有了陈静，否则自己很有可能做了傻事，人财两空。

“矛盾纠纷当事人怒发冲冠、泪流满面、咬牙切齿而来，怎样让他们心平气和、握手言欢而归？看上去是靠嘴上功夫，背后的准绳是法。法，既刚也柔。遵从法理正义是刚性的，保证弱者利益不被侵犯是柔软的。”陈静说。

伤害或死亡赔偿一类的案件，如果走诉讼判决程序，最弱的亲人未必能得到最多的帮助。陈静给我们讲了这样一个故事：贵州姑娘小龙在打工时晕倒，经抢救无效死亡，家属与企业双方就死亡赔偿签订了协议。岂料，小龙的继母不依不饶，要和小龙的丈夫、孩子平分赔偿金，否则就不让小龙的父亲签字。按照继承法，死者的父亲有权继承。但老实巴交的死者丈夫、未成年的孩子怎么办？陈静花了几天的工夫说服老爷子，死者为大，女儿地下有知，会感激父亲对孙子的呵护；又做小龙继母的思想工作，不要和孩子争上学的钱，不要为金钱丢弃亲情。最终陈静成功平息了纠纷。

因为丈夫早亡，陈静要一个人辛苦工作养家，既当爹又当妈地抚养孩子，有时难免顾不过来。有一回，儿子对她说：“妈妈，你还欠我一件很重要的礼物呢！”当时她没听明白，就问：“是什么礼物啊？妈妈可以补给你！”儿子就说：“妈妈，你欠我一个快乐幸福的童年！”

因为心里总感到对儿子有所亏欠，陈静处理起亲子纠纷来总是格外上心。陈静说，她把辖区内每一个孩子都看作是自己的孩子，并以一个母亲的情怀去真心帮助和引导他们。

有一回，所里民警抓到一个偷钱的小男孩儿，才10岁。男孩儿说已经一天没吃东西了，陈静就倒了杯水，拿了块蛋糕给他，男孩儿边吃边将发生的事情告知陈静。原来，他的父母早已离婚，母亲赌博成性，对儿子不闻不问，时间长了男孩儿就养成了一些恶习。陈静像母亲似的教育他，鼓励他好好学习，走上正途。

还有一回，一个无奈的妈妈带着孩子来找陈静帮忙。几天前，正上六年级的孩子在学校犯了错，妈妈到校后，一时冲动当着老师的面打了孩子一巴掌，没想到，孩子竟然立马还手也扇了妈妈一巴掌，随后离家出走。陈静看着这个小小年纪、眼中却写满了愤怒、不屑的孩子，既心酸又心疼。陈静多次单独与这个孩子谈心，认真倾听他的想法，尽量用欣赏、鼓励的语言与他交谈；同时她又找来孩子的父母，和他们探讨教育孩子的方法。

每每在电视里看到家境贫困的孩子，陈静也总是心生怜悯，将家中的衣物还有书籍、物品等送给需要的孩子们。而看到躺在病床上身患绝症的孩子时，她也总是尽其所能为得病的孩子捐款。到目前为止，陈静接济的贫苦孩子有40多个，捐资捐物也达到了几万元。

陈静的真情付出，得到了领导和百姓的一致肯定。她先后荣立个人二等功一次、三等功两次，获得全国公安机关“优秀人民警察”、全国公安机关“爱民模范”、全国“妇女儿童维权先进个人”、江苏省公安厅“说理执法能手”、江苏省十大“爱民标兵”、常州市“文明市民·身边好人”、武进区“敬业奉献”道德模范等荣誉称号。

编辑感言

敬业奉献——陈静用8年的时间、用上万次的劝说与平衡、用99.7%的调解成功率诠释着这个词语。她自己也有苦，却从来不叫苦，而是无论何时都让面对着她的人看到阳光、希望和爱。“生命的意义在于被需要，当深陷矛盾中的当事人因为我的努力得到解脱，我感到由衷的快乐。”她的这句话，值得我们每一个身在岗位上的人去深思。（逯江楠）

网友点赞

上海网友：平常纠纷，邻里琐事，大大小小，处理得无不公正贴心。为陈静大妈点赞！

河南网友：“民警大妈”陈静，群众的贴心人。给“民警大妈”点赞！

『折翼天使』的守护者

自己活着，就是为了使别人过得更美好。

——雷　锋

“小天使”折断了翅膀，小小少年走上了邪路，这无疑是一个悲剧。作为未成年人刑事检察科的检察官，杨萍没有把工作止步在“起诉”上，而是以一个母亲的慈爱，关心每一个犯了错误的孩子。她懂得，做好“未检”（未成年人刑事检察的简称）工作，不仅能挽回一个孩子，挽救一个家庭，还能和谐安康一方乐土。

1983年，杨萍通过干部招考来到天津市和平区检察院工作。在2008年担任人民检察院未成年人刑事检察科科长之前的25年中，她先后在公诉科、反渎职侵权局、反贪污贿赂局、民事行政检察科等部门工作，但从未接触过未成年人刑事检察工作。当时辖区未成年人犯罪长期呈高发态势，新特点、新问题不断增多，工作任务日渐艰巨，这些对当年已经46岁的杨萍来说无疑是一个新的挑战。然而，“半路出家”的杨萍勇于面对各种困难，利用每分每秒，尽快熟悉“未检”工作，带领全科的同志拼搏进取、开拓创新，尽自己最大努力去做到最好，像爱护自己的孩子一样，去关心和爱护那些失足少年。

杨萍至今仍记得刚接手工作时办理的一起案件。正是那起案件，开启了她为“未检”工作披肝沥胆、矢志不渝的奋斗历程。那是一起未成年人团伙抢劫案，涉案者是七八名学生。其中有一名成长在单亲家庭中的17岁高中学生，家庭条件并不差，学习非常好，是学校里的“学霸”。法院开庭审理的时候，他的家人拿来一大摞奖状证书，希望法院能够从轻判处。由于是未成年人，且认罪态度较好，他被从轻判处10年有期徒刑。这在当时已经算是从轻判处。如果他是成年人，最轻也要被判无期徒刑。因为他伙同他人参与抢劫数十起，虽每次数额不多，但犯罪次数太多，且对被害人手段相当残忍。

望着这个稚气未脱的大男孩儿，杨萍心里五味杂陈。这样的“好学生”怎么会因为抢劫而锒铛入狱呢？是因为他早恋缺钱？是因为他崇拜香港古惑仔，虚荣心驱使他成为作案团伙中的“老大”？还是因为正值青春期的他除了学习之外思想道德方面的教育缺失？

由此，杨萍深感自己肩上的责任重大，她暗下决心一定要做好“未检”工作，要用自己的真爱，去帮助那些走向迷途的孩子。她面对压力和挑战，凭着对党的赤胆忠心、对人民的挚爱深情和对检察事业的无限热爱，迎难而上，很快就熟悉了“未检”工作的流程和相关法律法规。她不仅把“未检”当工作来做，更是当作事业来追求。

违法犯罪的未成年人，法律上称为未成年犯罪嫌疑人。但很多人都忽略了，他们还有一个名字——孩子。他们是特殊的“孩子”，而杨萍就是一位特殊的“好妈妈”。按理说作为一名检察官，案子结了也就意味着这一工作告一段落了。但杨萍在工作中发现，一些孩子其实很单纯，并不是惯犯，而是一时糊涂犯下了大错。因此，对于这些孩子，杨萍在“少捕慎诉”的原则下，还想进一步为他们提供切实的帮助。

2011年，一名17岁的女孩儿假期在滨江道一家商店打工。有一次她发现一个更衣箱没有上锁，出于侥幸心理偷了里面的1000多元钱。失主报案后，女孩儿被缉拿归案，并移送检察院审查起诉。为了深入女孩儿的内心，杨萍多方走访，了解到在她很小的时候父母就离异了，母亲在外地打拼，她一直跟随姥姥生活。由于老人的溺爱和母亲的疏于教育，女孩儿在情感上的缺失很大。鉴于她是初犯，盗窃数额较小，认罪态度较好，且系未成年人，并得到了被害人的谅解，检察院对女孩儿做出了“相对不起诉”的处理。

尽管案子已经结了，但为了解开女孩儿的心结，杨萍专门请来了心理咨询师，为女孩儿进行心理辅导。两次心理辅导过后，女孩儿有了明显的变化。她爱笑了，与人交谈的时候能够进行眼神交流，跟家里人的沟通也多了。除了对女孩儿进行心理辅导，杨萍还与女孩儿的母亲积极沟通，指导她怎么对孩子进行教育。女孩儿的母亲感动地说：“我虽然是孩子的亲生母亲，杨检察官却是她的再生母亲，是她的苦心帮教，孩子现在才变得这么健康开朗！”

通过这一案件，杨萍心里萌发了筹建心理咨询室的想法。2013年初，在她的提议和院领导的支持下，全国检察系统首家按照专业标准设置的未成年人心理咨询室——“心语室”建成了，为未成年人心理矫正提供了专业的设施及环境。

法虽无情，人却有爱。杨萍就是这样，对工作中遇到的每一名失足少年都不厌弃、不抛弃、不放弃，以法律的、道德的和心理的疏导等措施，来唤醒他们迷失的心灵，用拳拳母爱来温暖他们冰冷的心。为了实现对涉罪未成年人帮教效果的最大化，杨萍除了以传统的说教形式进行教育外，还变换帮教方式，组织涉罪未成年人到残疾人家里进行义务劳动、到宁河原种场进行农田劳作，使他们认识到只有通过自己的辛勤劳动，才能收获成功的喜悦。在她的帮助下，许多孩子认识到了自己的错误，表示一定要树立正确的人生观和价值观，早日回归家庭，回归社会。

“救一个孩子，不是救他一时，是要救他一生，救他向善向好向光明。”秉承着以人为本的仁爱之心和平等公正的原则，按照“有章可循、有据可查、运行高效”的工作要求，杨萍从战略的高度出发，多措并举，与时俱进，为切实保护未成年人权益做了大量开拓性的工作。

2008年，在办理六名外来务工的未成年人聚众斗殴一案时，杨

萍了解到他们平时在单位表现良好，此次犯罪存在一定的偶然性。其单位的负责人也很有善心，表示愿意把他们继续留在单位工作，并保证与司法机关好好配合，对他们进行帮教。因此，杨萍建议公安机关变更强制措施。几名未成年人被释放的当天，未检科的工作人员与其工作单位联合召开了现场帮教会，并当场签署了“帮教协议书”。

杨萍还依托社会教师力量，在全市检察系统率先施行“合适成年人参与未成年人刑事诉讼”，为那些审讯时监护人无法到场的未成年人安排“临时家长”。而“亲情会见”措施，则缓解了未成年人的紧张情绪和抵触心理，为他们真诚认罪、悔罪打开了一扇人性化的“窗户”。

为适应新时期的工作需要，解决外来涉罪未成年人适用非羁押性强制措施问题，杨萍数次深入基层调研，奔走于驻区各企业之间，终于与某餐饮有限公司携手，建立了全市检察系统首批异地户籍未成年人关护基地，有效解决了异地失足未成年人跟踪帮教问题，形成了“检企”携手开展教育挽救失足未成年人的良好局面。

好人365 编辑感言

善与恶在一念之间，能飞升为一个天使，也能堕落成一个魔鬼。涉世未深的孩子，如果缺失良好的成长环境，缺乏正确的引导教育，难免会跌跌撞撞误入歧途。面对失足的孩子，坚忍执着如杨萍，永远不抛弃也不放弃；勇敢担责如杨萍，力求创新工作方法；满腔仁爱如杨萍，盼望孩子能向善向好。扪心自问，如果我们每一个人都能如杨萍，那么这个社会上的迷途孩子会越来越少，幸福家庭就会越来越多！（陶　恒）

好人365 网友点赞

湖南网友：杨萍用爱心和责任感呵护着未成年人健康成长，是孩子们的“好妈妈”、人民的好公仆！

上海网友：社会需要这种充满正能量的人，赞！

写邮件　草稿箱　已发送

收件人　haoren365@wenming.cn

主　题　心语

正　文

发　送

中国文明网
www.wenming.cn

『最美基层干部』阿布列林

共产党员应该在群众最困难的时候，出现在群众的面前；在群众最需要帮助的时候，去关心群众、帮助群众。

——**焦裕禄**

维吾尔族基层干部阿布列林，年轻时曾到河南兰考给好干部焦裕禄扫墓，从此焦裕禄的革命精神伴随了他一生。他以焦裕禄为榜样，做人做事都以焦裕禄为标准，克己奉公，无私奉献，让焦裕禄精神在各民族中生根发芽。

故事要从一张珍贵的老照片开始讲起——这张照片是新疆哈密地区一位名叫阿布列林的干部和焦裕禄家人的合影。这张照片被阿布列林摆放在家中最显眼的位置，珍藏了47年。47年来，阿布列林从一名普通农民、工人，成长为出色的检察官、法官，并一度任哈密市检察院、法院的主要领导。在这张已经泛黄的照片背后，是阿布列林47年如一日践行、传承焦裕禄精神的动人故事。

阿布列林说："焦裕禄精神指引着我的人生。学习他，不为名不为利不为己；学习他，不怕艰苦不怕牺牲；学习他，困难挡不住，灾害压不倒。"从阿布列林身上，越来越多的人看到，焦裕禄精神是不受时间、地域、民族限制的。

阿布列林和焦裕禄的故事开始于1966年，那一年他上高二，他第一次从报纸上知道了焦裕禄的事迹。当时阿布列林一口气读完了焦裕禄的报道，又反复读了几遍，文章中的许多情节他都可以背下来。从那时起，他就有了一个想法：去兰考，看看焦裕禄，给他上个坟。

机会在两年后来了。1968年2月，阿布列林和五名同学从上海返回新疆时，决定在兰考下车，实现当初的愿望。由于当时缺乏学习汉语的条件，阿布列林的汉语水平只能简单地问个好、问个路，但全国是一个大家庭，哪有找不到的地方？他们遇到马车、毛驴车或者是拖拉机，农民都热情地让他们坐。当时阿布列林他们都是学生，每人凑了1元5角钱，买了一只花篮，边走边问，找到了焦裕禄书记的陵墓。他们献上花篮后，站成一排，用维吾尔语唱了那首《焦裕禄，毛

主席的好学生》。之后，经人指点，他们在兰考中学找到了焦裕禄的后代焦国庆、焦守云兄妹。在他们的带领下，来到了焦裕禄的家。

焦裕禄的家只有一间房子，中间用木板隔成两间，再糊上厚厚的报纸当墙，屋里冷得像冰窖。阿布列林简直不敢相信，这就是一个县委书记的家。当焦裕禄年迈的老母亲身穿黑衣，迈着小碎步来迎接他们的时候，阿布列林眼含热泪，上前一把搀住了老人家。焦裕禄的母亲听说阿布列林一行是从新疆来的，流着眼泪拉住他的手说：“你们好辛苦啊，从老远的新疆来给我儿子上坟，谢谢你们，谢谢你们！”临走前，阿布列林和焦国庆把焦裕禄家对面一个小照相馆的师傅请来，花了八角钱，大家留下了一张珍贵的合影。

从兰考回到新疆后，阿布列林把那张照片装在相框里，摆放在家。这些年来，他搬了八次家，但这个相框一直都放在家里最显眼的地方。对于阿布列林来说，这张照片的珍贵在于它象征着焦裕禄的精神，正是焦裕禄精神一路指引着阿布列林的人生，成为他的精神坐标和一辈子的精神守望。

1969年，从兰考回到哈密不久，阿布列林来到哈密火箭农场四分场，当时正是春耕大忙的季节，天不亮就要下地干活儿。

至今，阿布列林还记得第一天下地干活儿的情景："那天在平地打埂子，只干了一小会儿，我的双手就磨了好几个水泡，破了后疼得钻心。但我没有退缩，焦书记为了改变兰考的面貌，都献出了年轻的生命，我手上起几个水泡算什么呢？"第二年，他又被调到哈密地区农机厂，干的是最苦最累的翻砂工。一次，他的脸部、头顶、肩部、手部都被铁渣烫伤，和他一同抬浇注罐的工友说什么都不愿干了，他却默默地坚持了下来。

1984年1月12日，阿布列林光荣地加入了中国共产党。在哈密检察院、法院工作的30多年时间里，阿布列林两次荣立三等功，先后被评为"自治区先进工作者""全国检察系统优秀刑检干部"。

"学习他，不怕艰苦，不怕牺牲；困难挡不住，灾害压不倒……"今天，这首传唱了近半个世纪的《焦裕禄，毛主席的好学生》，阿布列林老人依然能够一字不差地唱出来。他说唱得多了，自然就像刻在脑子里一样，就像焦裕禄精神始终是他人生路上的信条。

阿布列林是那种把工作当生命，把事业当生命，时刻把公仆的责任印在心上的好干部。

1995年夏天，阿布列林在审查一宗案卷时，发现疑点很多。办案人员重新调查后，免予对主犯提起诉讼。2005年，一名犯罪嫌疑人与人发生冲突，使用暴力手段致受害人当场死亡。案件审理期间，该犯罪嫌疑人的亲属多次找到阿布列林，请求宽大处理，并表示事后重谢。阿布列林不为所动，依法判处被告人死刑。2009年1月，阿布列林审理检察机关提起公诉的一起案件。他不顾严重的腰痛，冒着零下30多摄氏度的严寒，翻越天山到伊吾县了解案情，最终审理查明被告人的犯罪事实。翻阅哈密市检察院存放的档案资料，一份办案统计记录着：从1979年到1997年间，阿布列林办理的案件，事实清楚，证据确凿，定性准确，批捕、起诉正确率均达100%。

阿布列林不仅在工作中以焦裕禄为榜样，在生活中也是如此。在阿布列林的记事本里，有两张收据：2000年5月31日，父亲生病住院使用了单位的车辆，缴费150元；2001年8月10日，父亲去世使用了单位的车辆，缴费100元。他说："任何时候都不能搞特殊化。焦书记一生两袖清风，我立志要像焦裕禄一样，做一个品德高尚的人，清清白白做人，干干净净做事。"

1988年，阿布列林的父亲想把老宅基地上的房子建起来。工资不高的阿布列林为了满足父亲的愿望，四处收购从旧房拆下的木料、钢筋。盖房子缺少椽子，一个盗窃犯的父亲找上门来，说只要阿布列林把他儿子放了，需要的椽子他就包了。阿布列林听到这话立刻黑了脸，说："我是国家干部，决不能用手中的权力谋私利、做交易。"

有钱就盖，没钱就停。130平方米的平房盖了8年，但阿布列林却感到踏实。

“既讲原则，又讲感情。”这是共同生活了28年的妻子对阿布列林的评价。1993年的一天，一名犯罪嫌疑人的母亲拎着白糖、核桃等礼品，来到阿布列林家求情。阿布列林4岁的女儿从篮子里拿了一个核桃，硬是不撒手。劝说未果的阿布列林急了眼，一巴掌打在女儿的脸上。如今女儿阿孜古丽根本记不得父亲当初打的那一巴掌。但是，她也早已习惯了父亲的严格，上大学、找工作，全凭自己努力。“爸爸不会动用自己的关系给我找工作，他告诉我要好好学习，尽可能多掌握些技能和本领。”

“一个核桃关都过不去，以后会犯大错。”阿布列林这样严格要求自己，也这样严格要求家人。阿布列林有八个兄弟姐妹，他是长兄。阿布列林认为，对弟妹严格，帮助他们成长，就是对父母尽孝。长兄如父，阿布列林要求弟弟、妹妹努力上进，严于律己，不逐名利。阿布列林的一个弟弟、一个妹妹也在政法系统，恰巧都曾在他的手下工作，却从来没有被破格提拔过。虽然这样，妹妹吾尔也提却十分感激哥哥。“那几年虽然辛苦，但业务水平提高很快。能成长为单位的骨干，离不开哥哥的严格。”她说，哥哥经常教育她，做法官就要一身正气，决不能收礼收钱，这样别人才会服气。

1990年初，阿布列林表姐的孩子因为涉嫌盗窃被拘捕了，案件移送到了检察院。一天，表姐找上门来，流着眼泪哀求他：“高抬贵手吧，你是他的舅舅呀！”阿布列林回绝了表姐的哭求：“我要是放了他，等于知法犯法。”他的外甥最终被判有期徒刑2年6个月。

“欲做公仆先近人，既做公仆必做事，做好公仆当为民。”焦裕禄的公仆情怀对阿布列林影响至深。哈密是一个多民族聚居地。生于斯、长于斯，阿布列林从来都把生活在这里的36个民族的同胞当作兄弟姐妹。

来自甘肃的民工张宏奎，与阿布列林素不相识。1998年，张宏奎在哈密给一家理发店搞装修，活儿已经干完好几个月，老板却赖账不见人。无奈之下，他起诉到哈密市法院。时任哈密市法院院长的阿布列林亲自过问，很快追回了张宏奎的血汗钱。在张宏奎最艰难的那段日子里，阿布列林一有空就去看他。得知他的两个孩子正上小学，由于没有当地户口，每年仅借读费就要支付2000元后，根据相关政策，阿布列林帮助两个孩子办理了哈密市农村户口，解决了一家人最大的困难。

心里装着群众，把群众的事当成自己的事。1998年，阿布列林下乡时看到五堡乡90多岁的维吾尔族大妈依帕尔汗与70岁的盲人儿子生活困难，他就开始帮助母子俩，每年都去看望几次，送去吃穿和用的，直到大妈离世。

“不要因为走得太远，而忘记了自己为什么出发。”这47年来，兰考一直是阿布列林最牵挂的地方。他想再给焦书记的墓碑献一次鲜花，再见见焦书记的家人。1994年，组织上选送他到中央检察官学院深造，出门时他把和焦裕禄家人的合影装进了口袋，但就在学习结束时，组织上通知他立即回单位办理一起重大案件。2011年6月，他出差时，又一次把照片装进口袋，但事还没办完，就得到了“父亲病危速回”的消息。2013年春节，女儿补发了工资，想陪爸爸实现这个愿望。一家人高高兴兴地挑花帽、选围巾，准备送给焦裕禄的家人，但就在出门时，母亲病情恶化，兰考之行的计划再次落空。

为了帮助阿布列林实现这个心愿，河南援疆指挥部和哈密地委决定选派阿布列林等5人赴兰考考察。2014年6月17日，他来到焦裕禄烈士陵园，当年的泡桐树已经高大挺拔。6月18日晚上，阿布列林终于见到了焦裕禄的儿子焦国庆、焦跃进和女儿焦守凤，并亲手把扫描放大的那张合影交给了他们。这时，他才知道，焦裕禄的母亲一生很少照相，这是仅存的一张。这张照片弥足珍贵，已被焦裕禄纪念馆收藏。

阿布列林47年的夙愿终于实现了，他是幸福的，他的幸福来自于他对工作和对这片土地上父老乡亲的热爱。

编辑感言

人们说，信仰是一种伟大的情感，一种创造的力量。阿布列林的事迹再次证明了这一点。40多年来，阿布列林以焦裕禄为榜样，不断学习，积极践行，让焦裕禄精神在哈密发芽、开花、结果。学习焦裕禄，他敢啃硬骨头；传承焦裕禄精神，他求真务实；发扬焦裕禄精神，他一心为民。习近平总书记在兰考调研时曾发问："我们要深入思考一个问题，焦裕禄在兰考工作时间并不长，但给我们留下这么多精神财富，我们应该给后人留下些什么样的精神财富？"相信开在阿布列林心中的这朵精神之花，会让人们在回答这个问题时多一点儿感悟和启发。（桑小婷）

网友点赞

北京网友：前有焦裕禄，后有阿布列林，公仆精神世代相传。

山东网友：信仰是一种伟大的力量，阿布列林以焦裕禄为榜样，身体力行，让焦裕禄精神在戈壁滩绽放光辉，为各族群众树立了一座司法公正、务实清廉的丰碑！

“拼命三郎”闯灾区

青春啊，永远是美好的，可是真正的青春，只属于这些永远力争上游的人，永远忘我劳动的人，永远谦虚的人。

——雷　锋

一个普通的乡村医生，却被称作“拼命三郎”。他几十年来只图奉献，不求索取，他付出的是忠于职守、仁心仁德、大爱无疆，是当之无愧的“活雷锋”！

从医29年，他累计为患者减免医药费20多万元；

参与志愿服务，他累计服务时间近3000个小时；

拼时间、拼耐力、拼细心，他被同事称为“拼命三郎”；

救死扶伤，他足迹遍布汶川、玉树、雅安、鲁甸等地震灾区……

徐宙雄是湖南省岳阳市岳阳楼区梅溪乡一名普通的乡村医生，他用真诚之心服务父老乡亲，以仁爱之心善待每一位患者，用大爱之情服务社会，他是病人眼中的“好医生”，他是基层百姓为之感动的中国好人。

这是徐宙雄从医生涯中的普通一天，早晨7点半，他已经跨上电动车准备出门。黝黑的脸上挂着亲切的笑容，一件洁白的大褂衬托着医者的庄严。这一天的主要工作是去胥家桥村为老人们进行每月例行的身体检查。胥家桥村的10多位空巢老人因高血压、糖尿病等慢性病备受折磨，徐宙雄看在眼里，急在心里。“这些老人平时没人照顾，我只是希望能尽一份力，让他们能够安享晚年。”徐宙雄颇有感触地说。

从乡卫生院到胥家桥咀上组有八九公里，没有公交车通行。徐宙雄骑着电动车穿行在乡间的小路上，他的白大褂随车飘起，如同一位白衣使者正给人间送来福音。他说，以前在乡里巡诊都是靠走路，办事效率低，一天看不了几家，2009年才换了电动车。几年来，电动车都跑坏了2辆，一共换了8组电池。

徐宙雄从医29年来，每天早晨6点到门诊室，一直忙到晚上9点多回家。这是他多年来的习惯，每天工作十几个小时，有时经常加班到凌晨三四点，常常为了诊治病人而废寝忘食，无论是服务人数还是服务质量，均在全院前列。同时，他义务为梅溪乡敬老院卫生室值班，利用休息时间为老人们看病。医院人手不够用，住院人数多，他也常常加班加点坐门诊。

1997年10月的一天，徐宙雄正在吃午饭，听说有个男孩儿溺水，他立即飞奔到出事现场，为孩子施行了人工呼吸和胸外按压。30分钟后，孩子终于有了呼吸。如今，这孩子已经20多岁了，每每提起此事，他都对徐宙雄充满感激。

常常有人问徐宙雄，这么拼，累不累？“肯定累，当然累！但是人的一生很短暂，我们都有自己的追求，我希望利用有限的能力，尽可能多地帮助需要帮助的人，看到他们的生活因为我的小小举动而得到改善，何尝不是一件快乐的事！”徐宙雄笃定地回答道。

在梅溪乡卫生院徐宙雄的办公室里，锦旗挂满了墙壁。每一面锦旗背后，都是一个感人的故事，都是谱就和谐医患乐章的音符。

2012年6月，徐宙雄在对梅溪乡100多位老年慢性病人做电话访问时，发现其中有一位叫杨立光的老人没有联系电话，徐宙雄下班之后就赶到近10公里远的杨老爹家里，为他测血压。当测得杨老爹的血压为三级高危时，徐宙雄又回单位购药。此时已是晚上7点多了，单位药房下班购不到药，徐宙雄就从街上医药超市自购药送去，并嘱咐杨老爹按时服药。这样来回四趟跑了30多公里路，他回到家已是晚上10点多。医药费贴进去了，休息时间搭上了，精力耗尽了，徐宙雄没有获得任何报酬，哪怕是填饱肚子的一顿饭，可他总是乐此不疲，天天奔走在救死扶伤的路上。

2014年6月8日上午，一名一岁左右的小女孩儿被家长送到医院就诊。小女孩儿当时出现高热、惊厥、抽搐等症状，惊厥持续了约20分钟，全身肌群出现阵挛性抽搐，双眼球凝视、斜视、上翻，并伴有意识丧失，孩子的家属急得大声痛哭。经过徐宙雄的耐心及时救治，患儿很快恢复正常。当孩子家长问医疗费用多少时，徐医生笑着告诉他们一分钱也不用出。

医疗费没出，家长心想着包个红包私底下塞给徐医生，没想到还是被拒绝了。最后，家长送了面锦旗以表谢意。

熟悉徐宙雄的人都说：到别人那里看病要出钱，而徐医生是一向贴钱给病人看病。“做医生，没别的，就是救死扶伤，哪怕是我个人掏钱，我也开心。”徐宙雄说。

雅安地震发生当天，徐宙雄来不及回家就与10多位志愿者携带了价值约50余万元的物资、药品，第一时间赶往灾区。进入震区后，他每天只睡5个小时，嚼饼干吃泡面。在芦山县龙门乡、天全县小河乡巡诊，累计诊疗了

400多名灾民。

汶川、玉树、雅安、鲁甸，这一个个美丽的地方相继因为地震灾害令人心痛，可徐宙雄等志愿者的举动却深深地温暖着群众的心灵。

2010年4月14日，青海省玉树藏族自治州发生7.1级地震。当天早上6点多，一早上班的徐宙雄从网上得知消息后，立即向单位请假，并跑到岳阳市红十字会申请志愿者证，当天中午12点，他就坐上了前往玉树的火车。到达玉树后，徐宙雄不顾疲劳和高原反应，立即投入到了工作中。玉树当地医疗硬件设施落后，为了让偏远山区群众能得到及时救助，徐宙雄每天早上5点多就起床，冒着余震的危险，和其他志愿者一起踩着泥泞的小路，深入山区。诊病的同时，他们还为灾民带去了帐篷、水和食品等物资。而他们自己却常常是下午2点多才赶回驻地吃午餐，一直工作到凌晨。

“地震后，水都被污染了，灾区用水很紧张，政府在尽力保障安置点的灾民们用水，而我们作为志愿者，最不舍得用的就是水。”徐宙雄说。他们在灾区没有洗过衣服，也没洗过脸。没有水，方便面就干啃。连着三天，一滴水都没有喝。他咬着牙，15天的时间先后救助了380多名受伤群众。零下十几度的晚上，他睡在政府大院前坪的帐篷里，常常因为缺氧而惊醒，只能坐上一个小时慢慢喘气。在海拔5300米的玉树，平常能扛个一二百斤重的徐宙雄扛50斤都很困难，但是他仍坚持着和其他志愿者一起，将深山里面的伤重者抬上担架，再转移到安全地带。

震后，白鹿镇卫生院缺乏专业医护人员。徐宙雄一来，就担起了三个任务：门诊、下乡访查病人、讲课。

徐宙雄每天上午在院里看门诊，下午下乡访视病人，晚上给当地6个卫生院的医生轮流上课。白鹿镇村民住得比较分散，有些病人来看过门诊后，仍需要跟踪，徐宙雄便坚持天天下乡访查，每天要走10多里山路，鞋子磨破了3双。每次看病时，徐宙雄坚持不吃村民的饭，不要村民的钱。

哪里有灾难，就第一时间赶到哪里去。这对徐宙雄来说已不是一句简单的口号，他是真正用生命在践行。几年时间，徐宙雄积极参与抗震救灾活动，医治灾区患者达2000多人次，帮助灾民协调解决生活物资几千万元。

29年来，徐宙雄坚持参加志愿服务活动，从未间断过——义

诊、普法宣传、清扫街道、发放救助物资等。“帮助更多需要帮助的人”，这是徐宙雄坚守的人生信条，简简单单，却需要毅力去坚持，用行动去诠释。作为一名志愿者，徐宙雄用自己的身体力行告诉大家，志愿是一种精神，一种动力，一种人生态度。我们要学习的不仅是简单的帮助别人，而是要长期地树立心系他人、处处替别人着想、懂得换位思考的做人道理。

好人365 编辑感言

心中有患者，在平凡的乡村医生岗位上同样可以做出不平凡的贡献。徐宙雄，一名普通的乡村医生，用实际行动，抒写了一个个感人至深的精彩故事。虽然没有豪言壮语，但时刻把“为人民服务”作为人生追求，把“帮助更多需要帮助的人”作为人生信条。他为民、惜民的大爱犹如一盏灯，守护了基层百姓的健康；犹如一团火，温暖了社会大众的心；犹如一根标杆，给我们每个人树立了榜样。（文聿明）

好人365 网友点赞

河南网友：他在“乡村医生”这一神圣的职业上，用坚守、无私、执着浇灌了大爱之花。

坚守『高地』三十七年

师者，所以传道授业解惑也。

——韩　愈

他年轻时，本来是来学校帮忙的，可是一站上讲台就是37年，直到60岁退休。因为需要，他选择留下；因为承诺，他选择坚守。没有什么轰轰烈烈，只是平平凡凡的37年，却用朴实无华的奉献证明了自己无愧于“人类灵魂工程师”这一称号。

福建省清流县阳坊教学点原来叫阳坊小学，地处嵩溪镇最偏远最艰苦的地方，当地人俗称这里为“高地”，海拔1000多米。

“10多年前，从这里外出，只有一条仅能靠步行两个小时的崎岖山路。”阳寿生说。

1974年，高中毕业的阳寿生，回到镇里粮站当了一年多的保管助理，之后去琴源水库干活儿。有一次回“高地”，村主任找上门来说：“村里很多孩子外出上学不容易，老师也不够，你能不能回来帮忙？”

就这样，阳寿生开始了自己的教师生涯。从此，他与群山为邻，清泉为伴，再没离开过三尺讲台，一教便教了37年。37年，从一个踌躇满志的有为青年到步履蹒跚的花甲老人，他失落过、犹豫过，但一看到孩子们渴求知识的双眼，听到他们整齐又略带稚气的读书声，他知道，这辈子值了。

当时的农村还是农业合作社模式，收入微薄，生活条件差，学生辍学的现象十分突出。有些孩子只读了几个月就辍学在家，这深深刺痛了阳寿生的心。

每当遇到这种事情，阳寿生都会在第一时间赶到辍学孩子的家中走访动员，遇到实在拿不出钱的家庭，他会先帮孩子垫上学费。那时候，他还是民办教师，每个月的工资只有16元5角，他自己也记不清帮多少个孩子垫过学杂费，更不知道哪些孩子还了哪些孩子没还。虽然在垫学费上阳寿生算了糊涂账，但教学上他一点儿都不含糊。在担任近10年毕业班班主任期间，阳坊小学考上清流一中初中部的录取率远远高于周边的乡镇小学。

1989年春，阳寿生6岁的儿子因右手拇指和食指受伤住院。当时任毕业班班主任的他，为了不耽误学生的复习，就留妻子一人在医院陪护。2013年秋天，他的妻子在田里干农活儿时不慎摔倒，小腿骨折住院。正值学生开学报名注册，他叮嘱妻子照顾好自己，而他则先回了学校。

与阳寿生同教一个年级另一个班的数学老师患肾病，住院两个多月。为了不影响孩子们正常上课，阳寿生就一人承担了两个班的教学课程。

“阳老师对待学生就像对待自己的孩子一样，既是严师，更是慈父。”与阳寿生搭档12年的伍松根说。

“他有很多机会调到镇里的中心小学教书，可是他放不下村里的孩子，如今镇上的房子都还空着。”阳坊小学原校长张德根说。

刚到阳坊小学时，只有几间用黄土、竹篾夯起的土屋，破破烂烂的，连个院墙都没有。阳寿生看在眼里，急在心上。“有的凳子三条腿，有的两条腿。”阳寿生的父亲是个木匠，从小耳濡目染的他利用课余时间对这些损坏的桌椅进行维修，较难修的他就搬回家利用休息日修。“这么多年来，从来没有向学校要过一分维修费。”他自豪地说。不仅如此，他还就地取材，利用木棍、竹片等材料，制作了不少土教具，大大丰富了教学手段。

阳寿生并不满足于简单的修修补补，他想要为孩子们建一座新校舍。他上跑市、县，下联乡、镇，从教育主管部门到各级行政单位，从国企到诸多乡镇企业，钱从几万到几百，物资由几车水泥、砖头到几捆装修线缆，全凭自己点滴筹集而来。没工人怎么办？他把事情向村书记一说，第二天书记就带着村里所有的壮劳力来找阳寿生报到。3个月之后，一座二层的新教学楼拔地而起，还接通了自来水。

阳坊村地广人稀，交通不便，多年来，随着村民逐渐往山下搬迁，学校规模不断缩小，许多教师不愿意留在阳坊小学任教学工作，是阳寿生用他的善良为孩子们留住了更多的老师。

“1984年我去三明师范进修之后，教学任务全部压在阳老师身上，课余时间他还帮我把家里的农活儿给收拾完，让我没有后顾之忧。”伍老师说，“我进修回来待分配的时候，唯一的要求就是回到阳坊小学和阳老师继续搭档。”

为了帮新分配来学校的教师度过磨合期，阳寿生把自己家变成了食堂。“我和爱人刚来阳坊小学的时候，连续在阳寿生老师家吃了两个星期的饭，他爱人还变着法儿换口味，做豆腐，蒸糯米饭，就怕我们不习惯。”张老师对记者说，“很难碰到这么好的同事，从来不计较自己的付出。”

“我是本地人，就想为这里的孩子做点儿什么，既然当了他们的老师，就希望他们完成学业、走出大山。现在另一个老师年龄也大了，如果条件允许，我还愿意回来带带孩子们。”阳光下，阳寿生的背影微驼，但笑容却很温暖。

好人365 编辑感言

这篇稿件很短，甚至没有高潮迭起的精彩故事。阳寿生37年的深山教学生涯，可以说是平淡无奇，但阳寿生就在这平淡的生活中，演绎着一个“好教师”的角色，从这平淡中，我看到了一位平凡山区教师闪耀的光芒：“一切为了学生”——垫付学费、东奔西走地拉赞助、放弃更好的工作机会……只要是对学生好，阳寿生就毫不犹豫地去做，没有怨言，也没有骄傲之色。他只是默默无闻地做着自己的工

作，却有如一座丰碑，成为学生成才过程中最好的“教材”，成为我们的榜样。（项　丽）

好人365　网友点赞

四川网友：环境清苦更加衬托出人心的高尚，奉献精神是我们各行各业都应学的。

黑龙江网友：天使总爱张开善良的翅膀，把全部的关怀给了有爱的人们。好老师阳寿生就如同张开了翅膀的天使，把全部的知识教给了深山里的孩子。

写邮件　草稿箱　已发送

收件人　haoren365@wenming.cn

主　题　心语

发　送

正　文

中国文明网
www.wenming.cn

『抗艾勇士』杜丽群

一个精神生活很充实的人，一定是一个很有理想的人，一定是一个很高尚的人，一定是一个只做物质的主人而不做物质的奴隶的人。

——陶　铸

南宁市第四人民医院感染科护士长杜丽群无愧于“抗艾勇士”的称号，她每天工作在艾滋病人身边，奉献着无私无畏的大爱。在谈“艾”色变的年代，她主动请求调到抗艾第一线，与同事们共同奋战10年，挽救了无数患者的生命。

"她给我带来了生的希望！"

"杜大姐，我们感谢她！"

…………

这些患者所说的杜大姐名叫杜丽群，是南宁市第四人民医院感染科护士长，已经50多岁了。当人们对艾滋病心怀恐惧时，她每天冒着被感染的风险，在艾滋病护理战线上默默奉献着；同艾滋病人一起聊天、共同进餐……在3000多个日日夜夜里，她参与或指导护理的艾滋病患者达4000多人次，被很多艾滋病患者称作"邻家大姐"。

相对于医院的其他部门，艾滋病科是一个风险较高的地方。每一天，这里都在进行着一场又一场的"生死保卫战"，护士们要面对的不仅是携带着各种病毒的病人，还要面对种种突如其来、不期而至的危险。2005年初，第四人民医院刚提出成立艾滋病科的时候，本着自愿的原则，让全院职工报名。但在那个谈"艾"色变的年代，很多人包括医护人员在内都对艾滋病有着深深的恐惧。因此，大半年过去了，艾滋病科的职位依然无人问津。为难之际，时任结核病科护士长的杜丽群主动找上门来，愿意担任艾滋病科的护士长，她的选择不但令医院领导大为惊讶，也让整个医院炸开了锅。要知道，杜丽群选择的是一个风险极高的岗位。而这个选择所带来的影响是，越来越多的人开始重新认识艾滋病，也重新认识了杜丽群这个人。

2009年的一天，一名医生在巡视病房的时候，因为言语上不注意，激怒了一位病人。这位病人挥舞着一把水果刀对医护人员进行恐吓，在病房里大声吼叫："我的病情一天比一天严重，这病到底还能不能治？"他的突然举动顿时让整个病房乱作一团，不少年轻的护士甚至被吓得直哭。

在别人纷纷逃离的时候，杜丽群迅速赶到了病房。稳定好自己的情绪后，她径直走到病人面前，首先帮他把医疗设备安置好，然后和颜悦色地问他有什么需求。或许是看到了熟悉的杜护士长，病人紧张的情绪开始缓和下来。在了解了情况之后，杜丽群一面耐心地跟病人讲解治疗的过程，鼓励他坚持治疗；一面帮他处理疼痛难忍的伤口，让他不要放弃希望。渐渐地，病人的情绪平稳下来，他那举着水果刀的手，也随着众人的心慢慢地落了下来。

一名住院的病人全身突然长出大量的水泡并开始溃烂，脓血和皮肤都粘在床单上，散发出阵阵的恶臭，连翻个身都无法进行，甚至他的家属都因无法忍受散发出的恶臭而先后离开。家人的离去也让病人的情绪变得十分暴躁，他一面痛得嗷嗷大叫，一面开口骂人。看到这种情形，一些护士都不敢上前护理。

在紧急情况下，杜丽群又一次挺身而出。她首先要为患者打上针，但由于患者的皮肤一触碰就会渗出血来，而且表皮严重溃烂，根本无法找到血管。杜丽群只能凭借解剖位置对他进行颈内静脉穿刺，顺利地为他打上了针。当时正值炎夏，杜丽群穿着厚厚的隔离服，戴着口罩，一边忍受着难闻的臭味，一边忍受着病人的谩骂。恶心了就到卫生间呕吐一会儿回来再接着干，经过近3个小时的救护，患者的状况稳定了下来。

对于艾滋病病人来说，最令他们感到可怕的不是死亡，而是来自他人的歧视。对他们来说，药物治疗固然不可少，但心理上的治疗更为重要。杜丽群就是一位很好的心理“治疗师”，她让许多患者心中重新燃起了生命的希望。

2011年的秋天，少女小芳得知自己染上了艾滋病病毒，一时间恐惧、绝望、无助涌上了这个年轻女孩儿的心头。

“我当时真的不想活了，但又舍不得家里的人，那时候真是心如死灰。”小芳回忆说。她好几次想跳楼结束自己的生命，但每次都被杜丽群给“拦”了回来。

“小妹妹，你千万不要放弃自己，你的病情不是最严重的，经过治疗后还可以像正常人一样生活。”每当看到小芳情绪不稳定的时候，杜丽群就会说上这番话，她那慈祥的笑容和坚定的信心让小芳吃下了一颗“定心丸”。在闲暇的时候，杜丽群还常常为小芳按摩那早已麻痹的双脚，这让小芳十分感动。不久，小芳的病情逐渐稳定，而她那颗本已枯死的心，又再次焕发了生机。

长期以来，杜丽群一直坚守着做人的道德底线，从医近30年来没收过一个红包，始终把患者的信任、病者的康复当成对自己最高的奖励。

有一次，艾滋病科收治了一名重患者，为了抢救这名患者的生命，杜丽群从早忙到晚，忙活了一宿，第二天，患者转危为安。为了

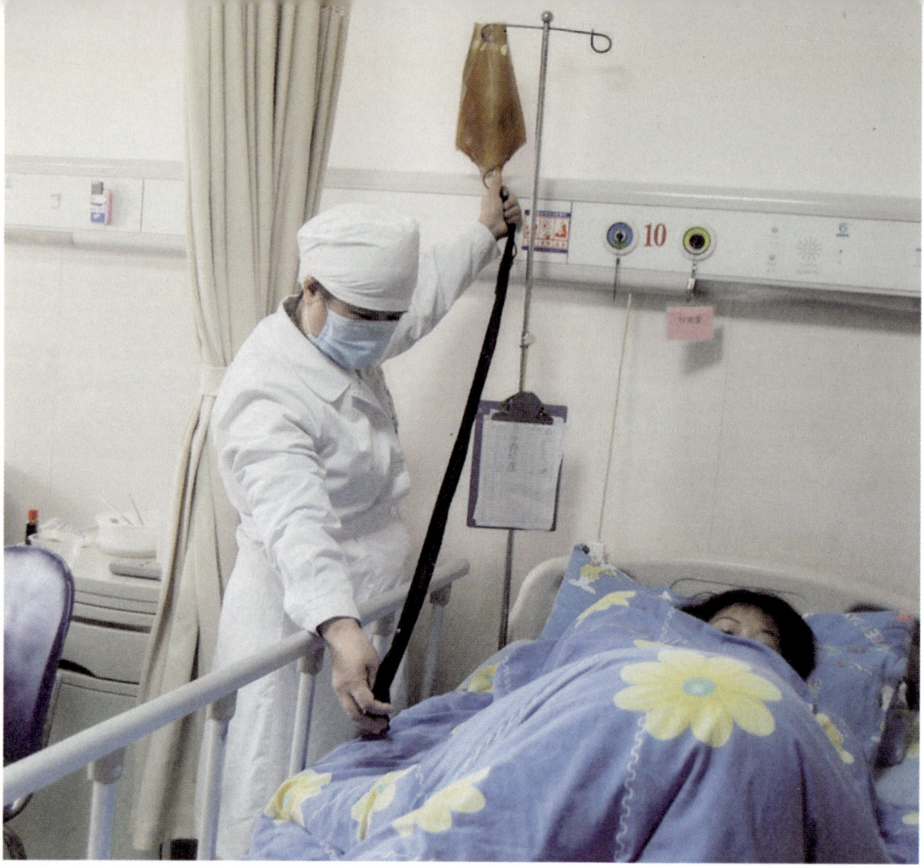

表达感激之情，患者的家属拿出两张购物卡，一定要送给杜丽群，但被她婉言谢绝了。她对患者家属说："这些都是我们应该做的，抢救患者是我们医务人员的天职，辛苦点儿很正常。"但患者还是坚持让她收下，杜丽群婉拒不成，最终将购物卡兑换成现金，交到住院部作为该病人的住院费。

每当提到杜丽群的时候，艾滋病患者小马眼中仍然会噙满泪水。2009年，当时已经病重的小马被紧急送到第四人民医院艾滋病科，经过一年多的精心治疗，他的病情得到有效控制，可以出院了。但艾滋病给他带来的伤害不仅是在身体上，更严重的还是精神上的打击。村里人知道他患病后，不但对他谩骂攻击，还不许他进村，在治疗中花光积蓄的小马已是无家可归，只好再次回到了医院。

当他在医院门口徘徊的时候，正好碰到了杜丽群。杜丽群感到小马神态不正常，就问他为何再次来到医院。慌乱中，小马只好谎称他来这里是为了探望病友。但是看到小马提着大包小包的行李，杜丽群很快就明白了其中的缘故，她当下没说什么，只是将小马安顿好，随后带他到食堂吃饭。

经过几天的交流，杜丽群终于清楚了小马的难处，她立即回到科里，号召护士们为小马捐款。科里的护士知道这件事后，纷纷慷慨解囊，很快就捐出了1600多元，让小马渡过了难关。不久，杜丽群又悄悄地找到小马，塞给他800元钱，并告诉他这是护士们第二次为他捐的款。然而，直到后来小马才知道，这些钱是杜丽群从自己每个月微薄的工资中拿出来的，这令小马感动不已。

2014年的12月1日——“世界艾滋病日”，以“抗艾勇士”杜丽群和她的团队为主人公的报告文学《绝地阳光：杜丽群和艾滋病患者的故事》新书发布会如期举行，南宁市第四人民医院院长介绍道：“《绝地阳光》讲述了杜丽群及她的同事们在与艾滋病这一‘世纪瘟疫’的搏斗中、与各色世俗眼光的抗衡中，如何将患者一个一个背过河，给身处绝望与黑暗中的他们带去温暖与希望的感人故事。”

杜丽群也因此获得了一系列的殊荣：南京市第二届敬业奉献模范、全国卫生行业最高荣誉奖——白求恩奖章、全国五一劳动奖章等。

编辑感言

有一种美德叫“奉献”，有一种品质叫“牺牲”。作为一名临床一线的共产党员，在人们对艾滋病仍然感到陌生甚至恐惧的时候，杜丽群已经在艾滋病临床护理岗位上默默奋战了10个年头。在杜丽群身上，我们看到了她对职业的热爱和坚守，看到了她勇挑重担、甘于奉献的精神。面对种种不解甚至责难，杜丽群和她的团队坚守职业道德，以人为本、与人为善，弘扬救死扶伤的人道主义精神，为社会打开了一扇窗，为人们树立了榜样。（张青玲）

网友点赞

人生如歌：杜丽群护士长，您的勇气、您的真诚为艾滋病人燃起活下去的希望。

wmeagle：特殊人群需要特殊的关爱，向“好护士”杜丽群致敬！

最美城管大叔

有了伟大的热情，才有伟大的行动。

——雷　锋

如今一提起城管，有人就摇头，确实有些害群之马影响了城管的形象。但在山东聊城，却有一位深受老百姓爱戴的城管“老黄牛”，做城市管理工作几十年，用诚信和真心获得了社会各界的理解与赞誉。

他是城管能人，城市“牛皮癣”在他手下销声匿迹，两年来，清理巡查行程5万多公里，水城的大街小巷都留下了他的铿锵足迹；他是公益达人，10多年孜孜不辍，坚持无偿献血，挽救了许许多多人的生命；他是忠义汉子，经历坎坷，不改热血男儿本色，用孝与爱温暖着一家老小，也因对城管执法工作的热爱，不顾家人反对，毅然递交了延迟退休的申请。

他就是被广大网友誉为山东“最美城管大叔”的商孝江。坚守信仰，执法为民，伸张正义……他通过一件件平凡小事，以对党和人民的忠诚和真情，展现了一位基层城管执法人员的深切情怀。

年近六旬的商孝江，黝黑的面孔上透着慈祥，让陌生人没有丝毫的距离感。“半路出家”的商孝江从事城管执法工作10余年，以强烈的事业心和责任感，在这个极其平凡的岗位上，做出了不平凡的业绩，取得了令人赞叹的成绩。

在同事眼中，他是一位脚踏实地、埋头苦干、拥有信仰的“老黄牛”；在商户眼中，他是一位履职尽责、知难而进、以情感人的贴心人；在市民眼中，他则是一位助人为乐、热心公益、见义勇为的活雷锋。

“共产党就是我的‘家’，若不能成为一名正式的共产党员，我总感觉找不到归宿。”

“我今生只有一个追求，那便是加入中国共产党。”谈起自己的信仰，商孝江说，“全心全意为人民服务是中国共产党的根本宗旨，这是许多宗教都难以企及的信仰，也是可以高山景行的信仰。”

为了能够尽早加入中国共产党，找到自己的人生归宿，商孝江每年都会写一封入党申请书，主动接受党组织的考察。他虽然还不是一名正式党员，但他总是以一名共产党员的标准要求自己，时刻铭记“吃苦在前，享乐在后”的座右铭。每一次城管执法行动，他都会第一个报名参加，而且专挑最难啃的骨头。

2003年，按照父亲的遗愿，商孝江带领家人从黑龙江牡丹江市回到祖籍聊城居住，就职于当时隶属市建委的城建监察大队，从事市中心城区市容、市貌的整治工作。城市建筑物外立面上乱贴乱画，是执法部门管理工作中的顽疾。多年来，执法支队也在摸索治理这一顽症的良方，但始终都效果不佳。

2012年，商孝江和同事承担起了整治城市“小广告”的任务。他把市区东至光岳路、西至西环路、北至北环路，包含有6条主干道、15条支干道、80余条小巷的区域进行了划片包干，并制作出详细的清理流程和一刮、二铲、三粉刷的工作规范。为了能够高质量地完成清理任务，商孝江整日带领大家忙碌在执法第一线。

清晨5点，当大多数人还在沉睡时，商孝江已经骑着满载工具的电动车出发了；晚上8点，当大多数人已经吃完晚饭时，商孝江才拖着疲惫的身躯往家里赶。这样的情景在这个夏日里每天上演。而正是凭着商孝江的这种执着和付出，水城的大街小巷才呈现出如今靓丽的面貌。

“那段时间孝江同志的电动车上随时带着刮刀、喷枪、涂料等工具，只要是有人反映哪里‘小广告’比较多，孝江基本上在20分钟内就能赶到现场，每次都是自己骑电动车去。水枪压力非常大，每次清理时，水都会从墙上反弹到身上，夏天是一身水，冬天是一身冰。”“老商的妻子因尿管结石做了手术住院半个月，但他没请半天假。”说起商孝江的敬业精神，同事们深有感触，“嫂子住院期间，老商晚上陪护，只能睡4个多小时，而白天却按时上班，从来没有迟到过。”很多同事看在眼里，疼在心上。

商孝江的工作热情深深地感染了身边的同事们。在两年多的时间里，机动三中队的工作人员巡查清理行程5万多公里，清理乱贴乱画100余万处，城区乱贴乱画的治理工作取得了显著成效。

为了巩固整治成果，执法队引进了违规号码的追呼系统，商孝江通过认真研究，制定了乱贴乱画分类处理的办法：张贴内容为寻人（物）启事、寻求帮助的，采取教育引导的方法，只清理不处罚；个人出租出售房屋、招聘等个人行为的，以教育引导为主，第一次从轻处罚，责令其清除干净，第二次予以严格处罚；内容为招聘、招租、销售、修理、开锁、买卖房屋等商业行为的，责其限期整改并接受行政处罚；而内容为办假证等从事非法活动的，则运用追呼系统持续呼叫，终止其号码使用功能。如此一来，追呼系统惩治违规行为的针对性大大增强，整治与处罚双管齐下，终于遏制了违法“小广告”的反弹。

如今，聊城市的城市“小广告”治理工作已经走在了全省的前列。

城管执法工作本应是维护城市形象，管理城市生活秩序，服务广大市民。然而，近几年来，随着个别执法人员粗暴执法行为的出现，人们对城市行政执法工作存在种种误解和不满。“为市民服务，却被服务对象误解，这样的被动局面根本就不该出现。”在日常的点滴工作中，商孝江也时常反思城市行政执法工作中存在的各种令人感到纠结、难缠的症结。“说白了，城管执法工作就是与老百姓打交道，工作中只要我们以诚待人，以理服人，以情感人，绝对能够得到大家的理解和尊重。”经过反复思量，商孝江逐渐找出了一条能使工作顺利推进的良方，并把它运用到了实际工作中。

2007年，他在古城区楼西片区工作时，有一个小伙子在楼西大街经营一家水果超市，店外经营成为家常便饭，执法人员多次耐心劝阻，他都置之不理。商孝江亲自到这家水果超市做工作，多次被轰出来后，仍然坚持上门晓之以理、动之以情。最终，这个小伙子被商孝江的真情所打动，不仅主动改正了店外经营违规行为，而且还成为了规范经营义务宣传员。

在商孝江的办公室里，有一封古城区楼西街道一位80岁老人写给他的感谢信。老人在信里说："商孝江在工作中做的点滴小事，温暖了楼西街道居民的心。"在古城区楼西街道没有人不认识这位慈眉善目的"城管"，一件小事至今仍让老人记忆犹新。当时楼西街道有一位没有后院的临街邻居，经常在门前晒衣服，对市容市貌产生了一定影响。在执法时，商孝江考虑到这位邻居的实际困难，就主动找地方帮她晒、收衣服。有一次，楼西街道的居民外出，门前晾晒的衣服忘了收，执法队员主动收下来，将衣服整理好了寄存在隔壁的邻居家。正是这样一件件点滴小事，温暖了楼西街道居民的心。

在工作之余，商孝江结合10多年的工作经历和感受，给自己和同事们制定了城管执法三原则：第一，要换位思考，多站在管理对象角度，多替商户着想；第二，要有耐心，多做解释说服工作，多与商户交流谈心；第三，要文明执法，人性化执法。商孝江和他的同事们的这种工作原则和处事方法，如同一股春风吹进了百姓的心里，融化了城管执法工作人员与商户之间结下的坚冰，赢得了大家的一致认可。

生活中的商孝江不善言辞，却是一名热心公益的爱心市民。在他家的书架上，有一个不起眼儿的袋子，里面装着28本荣誉证书，见证着他10多年如一日爱心奉献的历程。

商孝江从小在黑龙江省牡丹江市长大。1999年，单位组织献血，商孝江由此加入到无偿献血的大军中来。“我当时献完以后也没觉得身体有什么不适，在不损害自己的情况下，还能为别人做点儿什么，我觉得挺好的。”商孝江回忆起当初献血的初衷。

2003年，商孝江返回家乡聊城工作。刚回到聊城不到2个月，他便再次登上了献血车。

2009年，商孝江了解到，捐献机采血小板也是献血的一种方式，这种方式献血间隔时间短，每个月都可以捐献，于是他便开始献机采血小板。“献血小板就是把血小板抽出来，再把全血送回去，帮助那些血小板缺少者得到及时救治。”商孝江介绍说，“夏天天气炎热，献血间隔就要适当延长一些，因为天气热，人出汗多，不利于皮肤针孔愈合。”常年献血，使商孝江成了“献血专家”。

不光瞒着同事，商孝江也曾瞒着家人献血。因为一开始的时候，商孝江的妻子、姐姐都不理解他为什么要献血，商孝江说：“我就跟她们解释，献血有很多好处，最后她们也都理解了。”

现在，商孝江坚持无偿献血的举动得到了身边更多人的支持，受他的影响，他的侄子以及身边的同事、朋友也加入到了无偿献血的队伍中来，这让他倍感欣慰。

商孝江说，他是一个普通人，这一生也许干不了什么惊天动地的大事，但是他希望能尽自己全部的力量为这个社会做点儿什么。能用自己的血液让别人的生命之花开得更绚烂，这是他一生的荣耀。

好人365 编辑感言

一个人有了信仰，他就有了精神的寄托，也就有了行动的指南。商孝江的信仰是加入中国共产党，因此他的一言一行、一举一动，都在以一名共产党员的标准要求自己，对待工作始终兢兢业业，对待他人总是帮助和奉献。这些年来，他作为一名平凡的城管工作者，在扎实做好本职工作的同时，也为生活在这座城市里的人树立起了一座向上、向善的丰碑。正如他所说："人的一生总得为社会做点儿啥。"他用满腔的热情和全心的付出，践行了中国共产党全心全意为人民服务的根本宗旨，用热血和爱心呵护着内心神圣的信仰。（陶　恒）

好人365 网友点赞

晓出净慈：以诚待人，以理服人，以情感人，让我们为"最美城管大叔"商孝江点赞！

用一粒种子改变世界

科学不是为了个人荣誉，不是为了私利，而是为人类谋幸福。

——钱三强

他37年坚守在水稻育种第一线，只是为了让农民兄弟可以多收三五斗；他拒绝了几十万元的年薪，做了开颅手术也照样下田，至今仍拿每月四五千元的工资。他说自己“不图钱，不求名，就想利用自己的知识，帮助农民多收点儿粮食”。他培育的是高产水稻，也是爱岗敬业的奉献精神。

有一双手，这双手中的剪刀只是微微弹了一下，粉茸茸的稻穗便悄然落入指尖，指尖捏紧再翻转过来轻轻一旋，淡黄色的谷花花粉簌簌落入纸袋。

30多年来，这双手先后培育出水稻新品种23个，其中7个品种获得国家新品种权。截至2012年，他所选育品种应用面积达4257.91万亩，为农民增收67.28亿元。

30多年来，这双手培育了云南省仅有的两个超级稻品种“楚粳”27、28号，尤其是“楚粳”28号连续三年创下了水稻百亩平均亩产的世界纪录，成功克服了水稻育种高产难优质的重大技术难题，其主要经济指标达到高原超级粳稻育种研究国际先进水平。这双手，让中国第三大粳稻种植地区——西南粳稻区依靠超级稻实现快速丰产和增收的梦想变为现实。

这双手属于李开斌，56岁的楚雄彝族自治州农科所水稻育种栽培站站长、二级研究员。他像一株野稻一样自由自在地生长，在爱的四季中徜徉，享受春华秋实的快乐。

泛出墨绿色的蚕豆苗、金灿灿的冬小麦，自如舒展着各自的植株，楚雄彝族自治州农科所青龙桥试验基地深深浅浅的色彩让人沉醉。

轻轻揭开地膜，刚冒芽的水稻秧苗嫩生生、毛茸茸，微微颤动，直挠得人心里发痒，又一个充满希望的春天到来了。李开斌顶着草帽，穿着高筒水鞋，躬着身在田里插秧。他的动作不算最麻利，但是非常舒展。他插下的秧苗间距、行距如图纸一般精准和规范。

“你们比我们还会种地啊！”前来帮工的村民赞叹起来。

“我们是‘职业农民’啊！”水稻站的人们幽默地回答。

欢声笑语在空旷的田野中回荡。

水稻移栽最辛苦的一道工序是赶田，也是大家最能找乐子的一件事。试验稻田要和篮球场一样平整，一放水找平，他们就开始比赛“赶田百米跑”——拖拉机拉着一根粗大的赶耙行进，赶田者扶着赶耙跟在后面跑，使劲儿压平，一个来回300米。深一脚，浅一脚，赶田者跌跌撞撞常逗得大家哄笑，但是能全程跑下来的屈指可数，在水稻站工作的小伙子们跑出20米后就会直接瘫倒，连脚都拔不出来。

在这个比赛中，李开斌第一名的纪录曾保持了很多年。

他是大家公认的种田“好手”。光是牵牛犁田，李开斌就干了20多年。他犁地，犁得快、翻得深、铺得匀，许多种了一辈子地的“老把式”都赶不上他。水稻站的年轻人种田实践的第一课都是他亲自教授。

别人下田干上2个小时，就上来找水喝；具有“耐旱和抗倒伏特性”的李开斌，可以站着干上10多个小时，不叫他吃饭，他不会上来。别人在旁边指挥农民工操作；他要求必须亲自下田操作。别人插秧间距差一点儿、施肥分量不足些不以为然；他像机器设定般熟练精准，没有“差不多”。别人当日栽插不完的，可以留到第二天来干；他奉行节令就是命令，播种、移栽、施肥，时间不到，早一刻不行，时间到了，刮风下雨都要顶着干完。

在李开斌的引导下，水稻站的六名老中青研究人员都成了水稻种植的能手。红红黑黑的脸庞，朴实爽朗的个性，是他们沁染阳光、土壤和风雨成长的鲜明印记。城里长大的阮文忠如今是赶田的大师傅，文弱的黄兴文拎起50公斤重的麻布口袋，一甩手就能翻到后背上……

说起水稻育种，当地有一则流传甚广的段子说明了这项工作的辛苦："远看像烧炭的，近看像要饭的，一问是水稻站的！"李开斌做水稻研究像搞艺术一样精益求精，30多年坚持亲自动手栽种、试验，很多水稻品种的成长过程在他心里如行云流水般清晰流畅。

为了发展事业，2011年底李开斌的"楚粳"品种选育课题组也招了研究生。年轻人第一天的工作就是要跟着老师们背装种子的麻袋，一天下来，肩膀就肿了起来，思想上难免有些动摇。李开斌教导大家说："年轻人最需要挑战的，是老一代育种家的精神。"

春夏之交，试验田里的水稻长得嗖嗖的，一天一个样儿，一天比一天更绿。返青后，水稻开始分蘖为蓬状，连绵起伏，像风的音符一样欢畅跃动。

10亩集团圃和选种圃植下的30多万株选种材料，每一株都是杂交后代中的唯一变数，每一株都是三十万分之一成功概率的具体个体，从这些杂交后代中寻找优良单株，选育研究从发芽延至选种，其培育观察和选种工作的繁杂、繁重程度可想而知。

下田做调查，水稻株高多少？株叶长了多少？分蘖出多少头？分蘖的快慢，分蘖的消长……一株株自在生长的水稻把大自然生命的运动规律演绎得淋漓尽致，吸引李开斌和助手们陶醉其中。

李开斌说：“多到田间调查几次，多和稻谷待在一起，不光是为了记录某个数据，更重要的是观察和掌握每一个杂交后代的生长特性。”李开斌对黄兴文说，热爱水稻育种工作，是要用心去感受大自然生命澎湃的力量。

曾经有一次，基层农科站的一个小伙子把没有做齐的调查数据补上了，却惹得李开斌大为光火：“水稻天天都在长，下田调查的时候没有做记录，后来怎么可能补得上？这不是玩数字游戏，来不得半点儿虚假！”很多人都说起李开斌下田随身带着的一根“神奇

的手杖”。他把手杖往地里一插，每一株水稻就把自己生长快慢、枝叶消长、植株高矮告诉了他；他用手杖拨开一株水稻，摇摇摆摆的水稻就把茎干的质地、能不能抗倒伏和稻穗落粒性告诉了他；他用手杖在稻根下一划拉，水稻抖抖枝叶，就把有没有染上病虫的信息告诉了他……

“神奇的手杖”成为他“丈量”和“倾听”水稻的“度量衡”“听诊器”。

盛夏，水稻抽穗，谷花绽开。2010年的这个时候，李开斌第一次请了病假，去昆明做开颅手术，切除脑瘤。

其实早在两个多月前，李开斌就检查出脑子里长了个瘤子，而且已经压迫视神经。视力模糊的他一直隐瞒病情，连妻子都是手术前才知晓的。

一辈子参悟稻禾此消彼长的李开斌是不是早已顿悟了人生的春发秋落，不然他怎能做到那么淡定？

4月，在欢笑中，他带领大家完成了水稻移栽。

5月进入水稻授粉黄金期，他在40摄氏度高温、70%湿度的温室里蹲了一个月。

6月的每一天，他一如既往地和助手下田调查。

工作有条不紊地推进，安排落实依然细致周到，没人发现他有异常，没人知晓他即将出门。

更让人吃惊的是，出院20多天，刚刚闯过生死关的李开斌头上还缠着厚厚的纱布，却在妻子的搀扶下，来到基地选种。

他剥开一粒一粒谷子品尝鉴别，选收一株一株稻穗观察装袋，稻田露水很重，一会儿工夫大半身衣裤就湿透了。头部未愈合的伤口在烈日下炙烤，而久患风湿的腰腿濡湿僵冷，还有掰裂的指尖红白斑驳……徐加平、黄兴文红着眼圈紧紧跟在他的身后，时时要使劲儿把泪水憋回去。李开斌明白大伙儿的心意："农民错过一季，就丢了一年的收成；我们选落一季，就错失10年的成果。我没事，不用担心。"

一个热爱自然、热爱科学、热爱生命的人，胸襟一定是博大的。否则，为何能看得透生死，却输不起梦想！

又一次回到田野，稻禾"沙沙"作响，这悦耳的声音已化为他生命的心弦，多少艰辛酸痛酿成的快乐与幸福，都随之融入风中……

在离2012年还有5天的时候，李开斌来到北京。在人民大会堂金色大厅，他得到国务院表彰，荣获"全国粮食生产突出贡献农业科技人员"称号。总理接见并与他亲切握手。

对于一个基层农业科研人员来说，这已经是人生辉煌的一个顶点，但是李开斌那时更为关注一个问题：粮食怎么增产？农民怎么增收？

"一粒种子改变一个世界"，已经年过半百的李开斌从未像今天这样体会到凝聚育种人梦想的一句话是这么清澈透亮。

2012年立冬后的一天黄昏，天色很快暗沉下来。从温室里出来的李开斌汗水顺着脸颊流淌，灰白的头发濡湿成一绺一绺的，他抿紧嘴唇，认真听取技术人员提出温室改造的意见。他说："我们改造温室，提高水稻育种加代频率，一年当作两年用，是为了让更多的农民种一年收两年。"

"让农民种一年收两年""让农民多打几斤稻谷"，多年前，召唤李开斌全身心投入水稻育种事业的，正是这朴素的梦想。

据说，袁隆平最著名的一个梦想是"夏天可以在和树一样高大的水稻下面乘凉"，而李开斌的梦刚好相反，在他的梦境里，他的水稻变矮了，走出了大山，甚至在江南水乡、黑山白水之地也看到了高原粳稻的身姿……

水稻育种是一项异常艰辛的工作，非常枯燥、周期长，不知道什么时候能出成果，但李开斌却从来不曾懈怠，更从未轻言放弃。艰辛而漫长的育种之路，他默默地走了30多年。李开斌说，他小时候家乡的稻谷亩产量只有100多公斤，半饥半饱成了他刻骨铭心的记忆。1977年从楚雄农校毕业后，李开斌来到楚雄州农科所工作，一干就是30多年。他说："我不图钱，不求名，前几年有些公司想让我跟他们干，开出几十万元的年薪。但是我没去，至今仍拿着四五千元的月工资。我只有中专学历，现在是二级研究员，已经很知足了。我就想用好自己的知识，帮助农民群众多收点儿粮食。"

2012年冬季，楚雄市苍岭镇河心村村民小组长刘德华回到农村三年了，在连续两年包租150亩土地种植"楚粳"28号获得大丰收后，刘德华说：“我回家来发展是选择对了！”在农科所青龙桥试验基地沉寂的土地上，一颗颗心做的种子在这里坚忍地守望着春天的到来，蓄积力量，等待萌发……

“我曾经把高原粳稻种子拿到上海平原地区去种，嘿嘿，长得有一人多高，风吹就倒！”所以李开斌一句话就概括了他以后的工作目标：“着力提高品种的广适性，让更多的地方都种上我们高产质优的水稻。”

好人365 编辑感言

“让农民多收三五斗”，这个朴素的人生梦想执着了30多个春夏秋冬后，化作了李开斌对云南高原水稻育种事业的责任感、使命感、紧迫感，化作了李开斌艰苦奋斗默默奉献的生动实践。两只脚牢牢站在泥土里，守望田野守望精神的天空，李开斌无私奉献，把一生的好时光留在了高原红土地上，贡献全部心血和才华，不愧为一心为民的好专家！（刘鲲鹏　孙　茜）

好人365 网友点赞

辽宁网友：只是一个简单的心愿，却让无数人受益！平平凡凡、普普通通、至真至爱！

村民的『120』

仁，人心也；义，人路也。

——孟　子

一辆摩托车，一个药箱，一座大山，一位“白衣天使”在崎岖的小路上走了11年。古人说“医者仁术”，就是行医者要怀着仁德之心去医治病人。贺俊峰就是坚守深山的“仁医”，他被乡亲们称作村里的“120”。

一个从少年时代开始萌芽的梦想，一份痴心不改、无怨无悔的工作，一场持续了11年的无私奉献……山西省河津市下化乡的村医贺俊峰就是这样背着药箱、骑着摩托车穿梭在6个自然村的田间地头、农户村舍。不管刮风下雨，只要有病人需要，他总是在最短的时间内出现在病人面前。

当一名乡村医生，这是贺俊峰从少年时代开始萌发的一个梦想。

1983年3月，贺俊峰出生在有着“鲤鱼跃龙门”传说的山西省河津市下化乡半坡村，他从小一直跟着奶奶生活。12岁那年，贺俊峰得了阑尾炎，由于村子里缺医少药，送到大医院后阑尾已经穿孔，只好动了手术。这一场病痛让少年贺俊峰深刻地了解了偏远农村缺医少药的窘况，这个沉默寡言的少年那时就在心里暗暗发誓：“长大了我要当村医。”初中毕业那年，学习优秀的他在第一志愿里写下了“运城卫校”，并以优异的成绩被录取。

2002年7月，贺俊峰面临着从卫校毕业，同时也面临着他人生的第一次抉择。贺俊峰一心想着回村做一名村医，但拗不过亲戚的劝说，选择了当时的国有企业——毛泽渠煤炭有限公司职工医院。那时，有一份正式工作是大多数山区孩子的梦想，亲戚们都觉得贺俊峰是“鲤鱼跃过了龙门”。但贺俊峰自己并不十分高兴，他时常想起儿时的病痛，想起年迈体弱的奶奶，想起缺医少药的村子……2004年春节贺俊峰回老家过年，看到村民们缺乏基本的卫生保健知识，儿童接种很少，不少人患病后找不到医生，拖得病情恶化……

这样的情景再一次勾起了他儿时的记忆。最终，贺俊峰不顾亲戚的劝说和朋友的反对，毅然放弃了医院的正式工作，回村子开办了诊所，当了一名村医。

而贺俊峰这一干就是11年。

贺俊峰做村医有一个原则：随叫随到！这11年来，他没有睡过一个安稳觉，几乎没有过一个轻松愉快的节假日。贺俊峰的出诊装备是一辆摩托车、一个药箱。半坡村共有6个自然村，16平方公里，远的地方一次来回要走10公里，遇上雨雪天只能靠步行。

2011年12月的一个夜晚，已是12点多，劳累一天的贺俊峰刚刚躺在床上，就接到村民罗晓岗的电话："我父亲肚子疼得厉害，贺医生赶紧来看看吧。"

贺俊峰二话没说，翻身起床，背上药箱，走进了冰天雪地中。此时节，正是大雪封山的日子，山里的温度降至零下5摄氏度，到处白茫茫一片。寒风呼呼地刮着，雪打在脸上连眼睛都睁不开，贺俊峰不知摔了多少跤，步行了将近2个小时，走了近5公里的路赶到了罗晓岗家。到病人家里时，贺俊峰的手脚都冻麻了，然而他完全顾不上这些，进门就开始给患者诊断、推拿、输液，直到第二天病人基本痊愈他才离开。

像这样半夜出诊的情况对贺俊峰来说已经是家常便饭了。2012年10月10日凌晨1点多，40多岁的村民吴雪云忽然感觉肚子疼痛难忍，头晕恶心，她的家人心急如焚地给贺俊峰打来电话，贺俊峰二

话没说立刻赶去。提起贺俊峰半夜出诊，他的妻子吴瑞萍最为感慨："跟了俊峰这么多年，都习惯了，只是心里难免会有些担心。"

贺俊峰的电话就是村民们的求医热线，他的摩托车就是村里人的"120"。村里的年轻人大多外出打工，剩下的都是老弱病残。贺俊峰把村里人的健康档案装在脑袋里，九成都是给人上门看病。80多岁的村民胡川草，每月输三天液、打两天针，每次都是贺俊峰主动按时上门输液。60多岁的村民任三女患类风湿、糖尿病，一下雨腿就开始疼，贺俊峰也主动上门看望。

把病人当作家人照顾是贺俊峰的原则。村民苏炳德夫妇患有高血压、高血脂，需要经常输液，其儿女均不在家，每次都是贺俊峰照看。苏炳德在山西铝厂上班的儿子说："要不是有贺医生，我们怎能放心得下呀！"90多岁的村民岳换芝由于年纪大，器官衰竭，需要检查，也是贺俊峰陪同老人到大医院检查。

有人给贺俊峰粗略地算了笔账：平均每天出诊5公里，11年就是2万多公里山路！

当村医的这11年来，贺俊峰背着药箱、骑着摩托车走遍了半坡村的每一处沟沟洼洼，村民家家户户的门槛他不知进进出出多少次，但贺俊峰始终坚持：不收出诊费、注射费，只要没有材料费就不收钱。村里的老人李福章给贺俊峰算过一笔账：要是收出诊费、注射费，贺俊峰早就发了。按他每天平均出诊6家，每家10元来计算，每年就是2.2万元，11年就是24万多元。李福章感慨地说："我老伴儿每年都要输两个疗程的液，每个疗程7天，由于白天较忙，输液往往安排在晚上，每次我给俊峰出诊费，他都不要。俊峰这娃是个好人呀！"

不收出诊费还只是其次，有时碰到疑难杂症，贺俊峰自个儿无法救治，他还想方设法帮助病人转到大医院。2013年的一天，村里的困难户郑建荣的女儿发高烧并且腹部剧烈疼痛，贺俊峰判断可能是急性阑尾炎，立即帮他们联系了车辆，陪着他们一同到大医院进行治疗，还垫付了车费、检查费等所有费用。

有些村民从大医院治疗后还带回一些药需要继续输液，贺俊峰也从不收病人的任何费用。70多岁的村民周徐蛮的子女不在身边，2011年10月他在大医院看完病后把药带回家继续输液，贺俊峰连续9天上门，周徐蛮心里过意不去，硬塞给贺俊峰50元钱作为出诊费，贺俊峰坚决不收。老人说："你一家也不容易，你就收下吧，我也不告诉别人。”听了这话，贺俊峰耐心地解释：“不收出诊费是我当医生时就定下的原则，不能破，也从没破过。”

由于村里乡亲们的经济条件有限，有许多人看病都是赊账，每年大概有2万多元。贺俊峰从来没催要过，乡亲们也是有了钱就还上。11年来，贺俊峰累计为乡亲们垫付医药费20多万元，减免困难户医药费2万多元。同时他还义务为全村低保户、五保户及困难家庭到河津市医管中心办理医疗补助5万余元，让群众真正得到了实惠。

近年来，随着国家基层医疗改革的推进，贺俊峰除了坐诊、巡诊，还担负着村里卫生知识宣传、新农合宣传征收、传染病防治、疫苗接种、健康档案建立等各种公共卫生管理服务工作。对于上级安排的各种公共卫生项目，贺俊峰从来都是兢兢业业、尽职尽责，每项都能按时报送，圆满完成。

2011年8月，一场突如其来的泥石流冲垮了贺俊峰和妻子用多年积蓄盖的新房，所有的家具、药具、药品都毁了。因为盖的新房也是村里的诊所，贺俊峰第一时间没有想自己的生活怎么办，而是担心村里又要过缺医少药的日子了。半坡村党支部、村委会的干部针对这个情况及时妥善给予解决：他们安顿好贺俊峰的生活，并决定在村委会院里腾出两间房来当卫生室。于是，贺俊峰将诊所开在了村委会院里，继续为乡亲们服务。泥石流冲垮了他倾其所有建的新房，却没有冲垮他为村民服务的信念。

“生在大山，长在大山，当一名乡村医生，为乡亲们做点儿事，是我的责任。”11年来，贺俊峰把这个平凡的岗位作为实现个人价值的平台，将脚印烙在了下化乡半坡村的大山深处。在迢迢山路间，在户户家门前，在面向患者的一次次抉择时，他无怨无悔、步步前行，为村民驱散了疾病和忧愁，为他们带来了健康和希望。

好人365 编辑感言

“80后”的贺俊峰为了儿时的梦想放弃了稳定的工作，11载甘于大山深处的清贫寂寞，用青春坚守，恪守了作为一名医生的职业操守，尽自己一份微薄的力量改变着父老乡亲的生活。一脚脚泥泞，见证着他翻山越岭行医防疫的艰难；被泥石流冲垮的房屋，诉说着他“党员就应舍小家为大家”的坚定信念。贺俊峰以“爱”行医、用“情”当药的精神让人肃然起敬。（桑小婷）

好人365 网友点赞

湖南网友：官不在大，职位不在高，一个小小的村医同样可以放射出璀璨的光芒！

福建网友：他是父老乡亲的免费“120”，是人们心中的“神医”！

马背上的干部

一个人爱的最高境界是爱别人，一个共产党员爱的最高境界是爱人民。

——孔繁森

大学毕业后回到家乡甘孜，30余年坚守雪域高原，经常骑马下乡，被老百姓亲切地称为“马背上的干部”。中共甘孜州委宣传部部长毕世祥到基层调研，翻越雪山时，因道路结冰发生车祸，因公殉职。他生是大山死是碑，是永远矗立在人们心中的丰碑！

“康巴冬月雪满山，壮士一去不复返，贡嘎巍巍哭我兄，大渡滔滔泪难干。”2013年12月17日，这首诗在微信朋友圈中被大量转发——这是同事献给因车祸辞世的四川省甘孜州委常委、宣传部部长毕世祥的悼词。2013年12月16日上午，毕世祥在基层调研途中，在翻越海拔4412米的高尔寺山时，发生车祸，因公殉职。2013年12月19日下午，在丹巴县城，人们自发排起长队，为毕世祥送行，队伍足有10里长。按照藏族的习俗，毕世祥的骨灰被安葬在丹巴县章谷镇白呷山——他回到了魂牵梦萦的家乡。

甘孜州，就是那首传遍世界的《康定情歌》诞生的地方。康定，是甘孜州州府所在地。

毕世祥担任甘孜州委宣传部部长不久，就组织实施文艺下乡覆盖全州乡村计划，让边远地区的农牧民能享受文化生活。他先后到联系点白玉县先锋村和布格村20余次，争取资金100余万元用于改善文化基础设施。在毕世祥看来，文化发展要走“两端”，一“端”是向下，到农牧民中去；另一“端”是走出去。他提出了“将藏民族文化融入国家文化走出去”战略。2013年春节期间，受文化部委派，甘孜州民族歌舞团赴斯洛文尼亚、保加利亚举办“欢乐春节”演出，把浓浓的新春祝福带到异国他乡，展示了藏族人民饱满的精神状态和幸福安康的生活。

春夏之交，石渠县长须干马乡的草原又到了采集虫草的“黄金期”。小孩儿身体灵活，眼睛“尖”，几乎都跟着大人上山挖虫草，去上学的极少。毕世祥了解到这个情况后十分忧心，他问："谁知道最好的虫草在哪里？"有的说："在高山的草甸上。"有的说："有黑土的草甸更好一些。""我看，最好的虫草在课堂里、书本里，在老师讲授的知识里。"毕世祥的话让大家摸不着头脑。看着村民们困惑的眼神，他说，只要送孩子上学，学好了知识，收入自然就会提高。虫草总有挖完的一天，可知识越学越多。后来，这句话被人们口口相传，流传到了藏区的很多地方，还被改编成"最好的松茸在书本里""最肥美的牛羊在课堂里"等版本。

毕世祥眼睛看着百姓，心里牵挂着民生。20多年来，从高寒牧区到山高谷深的农区，毕世祥进村入户，把田间地头当课堂，以牧场草甸为书本，拜农牧民为师，从群众中汲取智慧和力量。他常说，踩稳"地平线"，"接地气"工作才有灵气。

毕世祥喜欢下基层，一年平均行程达8万多公里，他总是说："待在机关里是不可能了解老百姓想什么的，不走进群众，怎么能知道他们的疾苦？""只有倾听最基层的声音，你才能了解最实际的情况。"这是毕世祥对身边工作人员说得最多的一句话。

当年，18岁的毕世祥穿着一件白毛衣走进了寝室，他在1978年考入西南民族大学，康巴汉子特有的高原红印在两颊，高挑的个子让他显得非常精神。

"他很喜欢跟我们介绍自己家乡的风土人情，他说自己来自丹巴，那里有'美人谷'，风景很漂亮。"同学回忆说。当时从甘孜来成都的路还不是很方便，每次上学，毕世祥都要坐好几天的车才能赶到学校，但他却对自己的家乡感到特别的骄傲，经常给同学介绍家乡的土特产。毕业后，他就回到了家乡甘孜工作。

读大学时，毕世祥的英语就特别好。但进大学前，毕世祥从没接触过英语。“刚进校，他连ABC都不认识，要从26个字母开始学起。”异常勤奋的毕世祥，每天都会学习英语到深夜，在大家都在外出看电影逛街时，他却留在寝室看书。

渐渐地，毕世祥从不敢开口说英语的学生，成为全班74个人的偶像。“他的英语成绩排在全班前列，竟能和老外流畅交流。这让身高一米八的他，成为了全班女生眼中的‘白马王子’。”

熟悉毕世祥的人都说：他和群众在一起的时间比和家人在一起的时间要长。

“我们总是聚少离多。”毕世祥的妻子许惠明这样说。2011年3月，毕世祥到石渠县开展群众工作，妻子作为州卫生局的工作组成员，也到了这里。两人在一起待了半个月，这居然是最近20多年来夫妻在一起时间最长的一段日子。

毕世祥的母亲年近八旬，患有重病，人们不敢把儿子去世的消息告诉她。州委领导考虑再三，还是在毕世祥骨灰下葬那天告诉了她。出人意料的是，老人说了三句话：第一句是“驾驶员是好人，组织上要关心他”；第二句是“世祥坐的汽车报废了，国家财产可惜了”；第三句是“大家今后出门，不要太早，一定要注意安全”。老人没有向组织提任何要求。

白发人送黑发人，本就是最大的悲伤了。可老人想到的首先是别人，是公家。这是怎样的深明大义呀！

毕达是毕世祥的儿子。“因为工作原因，从小到大他都很少陪我。”毕达记得，爸爸只在他读高中时接过自己两次，都是坐公交车，这让他很“不满”：“我要坐轿车。”毕世祥说：“我没有车，我的车是工作用的，你长大了给爸爸买辆车吧。”毕达上大四时，同学们都忙着让家里帮着找工作。毕达压力很大，提出让爸爸帮忙。毕世祥没有答应儿子：“自己的路自己走，靠自己才算是真本事”。2011年，毕达以笔试、面试均为第一名的成绩考入四川省林业厅，成为一名森林警察，毕世祥给儿子买了一件520元的羽绒服作为礼物。“这是他给我最大的一次奖励。”毕达说，“能得到父亲的认可，比什么都重要。”

人非草木，孰能无情。

他对儿子“抠”，对群众大方。下乡的时候，掏出三五百元塞给牧民是常事。毕世祥去世后，毕达在父亲的衣服口袋里发现了一张纸条，上面写着：元旦要去看望女儿。毕达是独生子，哪儿来的女儿？后来才知道，爸爸在孤儿院认养了一个小女孩儿。

在妻子眼中，毕世祥并不呆板，甚至还很浪漫。每次出差，他都给妻子带回一份小礼物，虽然不贵，但以此表达自己的感情。“他经常出差，很难在家待上一段时间，我们都习惯了。”许惠明说。他出差时，担心他在开会或在工作，电话不敢多打，联系方法主要靠短信。但当他在家时，不管有多忙，饭后他都会和妻子手挽手去散步，并给妻子讲出差的见闻和趣事。在许惠明心中，丈夫一直都是一个有责任、敢担当的好人。“他一直觉得对家庭非常愧疚，总是尽自己的最大努力来肩负责任。”

岳母去世、父亲病危，他没在身边；妻子手术，他没能陪护……30多年来，毕世祥从未休过一次假，他把对家人的爱深埋心底，在他心中的天平上，群众的分量总是最重的。

毕世祥的人生在藏区基层激情燃烧，他用热血、用生命捍卫了一个共产党员的光辉形象；他用真情、用挚爱回赠基层群众、拥抱甘孜大地。风雪无情，夺走了他的生命，人间有爱，他的精神在人民心中熠熠生辉，甘孜人民在心中最高处永远留下了他的名字！

好人365 编辑感言

臧克家诗云："他活着为了多数人更好地活着，群众把他抬举得很高，很高。"53载岁月，毕世祥用30余年忙碌在为人民服务的岗位上。他是新时期少数民族党员干部的优秀代表、广大党员干部践行群众路线的优秀楷模。（李雪芹）

好人365 网友点赞

宁夏网友：俯首甘为孺子牛，我们在敬佩与点赞的同时，更多的应该是学习与发扬毕世祥全心全意为人民服务的精神。

叶金帆：因公殉职让人悲伤，毕世祥的先进事迹必将激励一代又一代人。

后记

HOUJI

2014年9月5日，中国文明网结合开展多年的“我推荐我评议身边好人”活动，推出了《好人365》专栏，每天讲述一个中国好人的精彩故事，大力倡导新时代好人精神，弘扬真善美，传递向上向善的正能量。一年多来，专栏聚焦群众身边的凡人善举、平民英雄，上演了500多集的“好人连续剧”，每天源源不断地给网民提供精神大餐。这些好老师、好医生、好护士、好党员、好干部、好司机、好警察、好军人、好工人、好妈妈、好儿女、好邻居，都是我们身边的普通人，生活中也是一样的有爱有恨、有喜有怨，但他们身上所体现的善良人性、大爱情怀和高尚精神，无不令人感动、令人敬佩。他们与时代楷模、道德模范、最美人物一起，构成了当今中国最亮丽的风景，让人们看到了社会道德风尚的主流，引导和激励越来越多的人把榜样力量转化为行动实践，自觉地学习好人、宣传好人、争做好人，产生了广泛的社会影响和积极的教育效果。

为进一步推动社会主义核心价值观宣传教育在广大青少年朋友中深入开展，引导孩子们树立远大的人生志向和正确的价值观念，我们从《好人365》专栏中精选了148个网友点击浏览量较高的故事，汇编了“好人365故事”（青少版）。全套书包括《助人为乐》《见义勇为》《诚实守信》《敬业奉献》《孝老爱亲》五本。每个人物故事均按名人名言、故事引子、好人故事、编辑感言、网友点赞等几部分编写，并配上照片，主要通过讲故事的形式，来展现身边好人的感人事迹和高尚精神。可以说，这148个故事，既是一部中国好人传，也是一部平民英雄谱，更是一部人生励志书。

希望这套故事书对引导青少年学会做人、学会做一个好人是开卷有益的，能够帮助他们从道德模范和身边好人身上学会做人的准则，扣好人生第一粒扣子，学习和传承中华民族传统美德，学习和弘扬社会主义新风尚，热爱生活，懂得感恩，与人为善，明礼诚信，从自己做起，从点滴小事做起，从现在做起，争当学习和践行社会主义核心价值观的小模范。也希望更多人能从这些故事中汲取精神营养、感悟道德魅力、明确人生方向，积极践行好人精神，大力培育和践行社会主义核心价值观，在全社会形成崇德向善、见贤思齐、德行天下的浓厚氛围，更好地构筑中国精神、中国价值、中国力量，不断凝聚起实现中华民族伟大复兴中国梦的强大力量。

在本套书的编辑过程中，得到了各级领导的高度重视和大力支持。中宣部常务副部长、中央文明办主任黄坤明同志担任编委会主任，并亲自审定编写方案。中央文明办专职副主任夏伟东同志担任编委会副主任。各省（区、市）和新疆生产建设兵团文明办主任担任编委会成员，各地文明网积极参与、提供了大量资料素材。中国文明网承担了本套书的牵头组织协调工作。河北省文明办对本套书的编辑出版给予了大力支持。卢勤、孙宏艳、彭怀祖、鞠萍、薛贤荣等专家学者、社会知名人士为本套书精心撰写了导读文章，第五届全国道德模范张宝、金汉、官东、刘萌刚、宁宏昌亲切寄语广大青少年。在此一并表示衷心感谢！

编　者

2015年12月